Eure Zeit ist um!

Widerstand in Versen

Helmut Matt

Eure Zeit ist um!

Widerstand in Versen

1. Auflage 2023
© by BoD
Gesamtherstellung BoD
www.bod.de
ISBN 9783757890797

Inhaltsverzeichnis

5

Einleitung

Nachdem der erste Band von „Alle gehorchen! Wir nicht! – Gereimtes über Ungereimtes" von Lesern und Freunden kritischer Lyrik überaus positiv angenommen wurde, habe ich mich entschlossen, einen zweiten Band folgen zu lassen.

Alle Texte sind neu. Lediglich die beiden Gedichte „Karfreitag" und „Ostern" habe ich wegen der thematischen Nähe aus Band 1 übernommen und vor die Gedanken über „Pfingsten" und über „Fronleichnam" gesetzt.

Geändert hat sich an der vertrackten Situation im Land leider recht wenig, so dass sowohl die hier abgedruckten Gedichte, als auch die Texte aus dem ersten Band sehr relevant und aktuell sind und bleiben. Letztlich sollen auch sie die vertrackte Welt, in der wir leben, dokumentieren. Wir sind ja hoffentlich nicht die letzte Generation, der es möglich ist, Geschehenes kritisch zu hinterfragen.

Weiterhin leben wir in einem Land, das absichtlich und mit großer Leidenschaft heruntergewirtschaftet wird. Dies nicht zuletzt mit dem Willen, die Zerstörung so zu gestalten, dass die Bevölkerung nicht klagt, weil sie permanent davon überzeugt wird, dass dies alles genau so sein müsse. Die Öffentlich-Rechtlichen Medien sind okkupiert – die Intendanzen sind scheinbar „paritätisch" durch Vertreter der herrschenden Parteien besetzt. Insbesondere die selbsternannten „Linken" bestimmen das Weltbild. Auch die „privaten" Kanäle bringen wenig Licht ins Dunkel. Wie leicht es geworden ist, die offiziellen Lehren in die deutsche TV-Konsum-Öffentlichkeit hinaus zu blasen, sollen uns die hier abgedruckten Gedichte zeigen.

Um die Menschen fügsam, devot und gehorsam zu machen, werden diese, wie gehabt, in permanenter Unruhe und Angst gehalten.

Nachdem nun im Zusammenhang mit den „Corona-Maßnahmen" immer stärker die Widersprüche aufgedeckt werden, versucht man, den Mantel des Schweigens darüber auszubreiten. Allerdings machen die Verantwortlichen sich bereits jetzt Gedanken darüber, mit welchen neuen „Seuchen" man die Welt schon bald wieder überziehen könnte. Insbesondere die WHO scharrt vehement mit den Hufen. „Politiker" wie Thomas des Maizière klopfen bereits jetzt an und lassen den Menschen das Blut mit Sätzen wie „Wir müssen uns daran gewöhnen, dass Krisen zur Normalität gehören" in den Adern gefrieren. Ungeheuerlich, was da gesagt wurde! Tatsächlich werden solche Prophezeiungen nur solange wahr, wie die Mehrheit mitmacht und solche Hanswurste auch noch wählt.

Damit auf gar keinen Fall eine Phase der Beruhigung eintritt, macht man sich den Krieg in der Ukraine zu eigen. Dies belegen die unsäglichen Reaktionen und Gegenmaßnahmen der Europäer – insbesondere der Deutschen. Auch die Dämonisierung des russischen Präsidenten gehört mit dazu. Die Hürden gegenüber möglichen Friedensgesprächen erreichen mittlerweile schier unüberwindliche Höhen. Flankiert wird die Panik, indem man die CO2-Gespenster wieder aus dem Hut zaubert. Vorbereitet hatte man das ja bereits vor „Corona", als Greta und Luisa die Mattscheiben bevölkerten und die FFF-Hüpfer Freitag für Freitag mit Begeisterung und staatlichem Segen die Schule schwänzten. Mittlerweile wird die Angst um Klimaveränderung, grässliche Fluten, ständig steigende Meeresspiegel und grauenhafte, nie dagewesene Unwetter zur Religion erhoben. Jetzt ist der Glaube an CO2 Pflicht geworden. Wer diesen Glauben kritisiert oder gar negiert, der ist ein „Leugner" – ebenso, wie es zuvor die Corona-Leugner gab. „Was, du leugnest CO2?" So lautet das neue Schlagwort. Mit Akribie wird auf diese Weise an der neuen Mär gearbeitet. Bilder, Berichte, Reportagen aus vergangen Tagen, als Kritik noch möglich war, belegen anschaulich, dass der Stand des Meeresspiegels sich in den letzten hundert Jahren praktisch überhaupt nicht verändert hat.

Man könnte beispielsweise Postkarten der amerikanischen Freiheitsstatue aus dem frühen 20. Jahrhundert neben aktuelle Fotos legen. Sie werden den Medienkonsumenten bewusst vorenthalten – man beschwört stattdessen den bevorstehenden Untergang.

Das Tempo der Zerstörung und der Selbstbereicherung der Eliten hat sich verschärft. Ein vollständiger Kollaps wäre keine Überraschung. Trotzdem gibt es weiterhin Widerstand, gibt es Ideen und Taten, die sich den oktroyierten Zwängen widersetzen. Es scheint sogar, dass sich dieser Widerstand an vielen Stellen verstärkt. Auch die beiden Gedichtbände „Alle gehorchen! Wir nicht!" und „Eure Zeit ist um! Widerstand in Versen" sind Teil davon.

Solange Menschen in Bewegung sind und sich widersetzen, gibt es Hoffnung!

Nicht versäumen möchte ich, mich sehr herzlich bei Maria und Martin Müller aus Hausach i. K. zu bedanken für den, wie ich meine, außerordentlich gut gelungenen Untertitel des vorangegangenen wie auch den gesamten Titel dieses neuen Buches.

Auch meine Frau Linda hat mir wieder viel und gern zugehört und mir auch Impulse für so manches Gedicht und so manche Zeile gegeben.

Danke an alle, die mich inspiriert, begleitet und ermuntert haben, weiterzumachen.

Herbolzheim im Herbst 2023,

Helmut Matt

Der Untergang

Sie werden das Land
Jetzt völlig zerstören,
Alles fährt an die Wand,
Es wird keiner sich wehren.

Denn sie sind ja gewählt,
Es ist Demokratie.
Was man dafür erzählt,
Ist gelogen wie nie.

Wie vor jeder Wahl
Ist der Himmel ganz blau.
Man gibt sich sozial
Und grinst immer schlau.

Sie sprechen von Frieden,
Einer besseren Welt,
Doch sie fischen im Trüben,
Alle Wähler verprellt.

Nach dem Sieg geht's um Macht,
Und das eigene Geld,
Jede Wahrheit verlacht,
Nur die Niedertracht zählt.

Vier Jahre regieren,
Alles tun, was man will.
Das eigne Konto sanieren
Ist das wichtigste Ziel.

Ferne Länder bereisen,
Die Koffer voll Geld.
Nur das Feinste verspeisen,
Wie schön ist die Welt.

Das Geld wird verschenkt,
Man fragt nicht, woher.
Die Zukunft versenkt,
Die Staatskassen leer.

Es wird alles zertrümmert,
Was funktioniert, wird zerschlagen,
Weil's die Bürger nicht kümmert,
Und die Medien nichts sagen.

Es ist nicht leicht zu glauben,
Doch der Anfang ist's bloß,
Das, was die sich erlauben,
Wird geplant in Davos.

Ende der Welt oder Ende der Wahrheit

Ich würde gern mal eine echte, wissenschaftliche, nachprüfbare Beweisführung sehen, die mir eindeutig belegt, dass es eine Klimaveränderung gibt, die durch CO2 verursacht ist. Ist dies gelungen, dann würde mich der prozentuale Anteil des Einflusses von CO2 auf eine aktuelle Klimaveränderung interessieren - ebenso wie alle anderen Faktoren in Bezug auf die Stärke ihres Einflusses.

Bisher habe ich so etwas noch nicht zu Gesicht bekommen.

Aktuell geht es darum, all den Unsinn zu „glauben". Das ist die neue „Religion". Vermutlich ist das auch der Ursprung des Wortes „CO2-Leugner".

Man muss nur fest glauben,
Substanz braucht man nicht.
Gehirne verstauben,
Die Dummheit wird Pflicht.

Das Gift heißt CO2,
Nun stirbt unsre Welt.
Bricht alles entzwei,
Das wird uns erzählt.

Wenn das Fernsehn es sagt,
Dann wird es geglaubt,
Wird nie hinterfragt,
Kritik nicht erlaubt.

Propaganda? Nein, nein!
Die Presse ist frei.
Nur die Wahrheit allein
Ist nicht einerlei.

Man glaubt, was man sieht.
Gezweifelt wird nicht.
Was auch immer geschieht
Das kommt dort ans Licht.

Unsre Medienwelt,
Sie ist wunderbar,
Was man uns dort erzählt,
Das ist immer wahr.

Presseball

Mit Schwung und mit Tanz,
Möglichst auch Eleganz,
Die Kleider, sie rauschen,
Wer möchte da tauschen.

So lässt man es krachen,
Auf dem Presseball lachen.
Mit Austern und Wein,
Schöner kann es nicht sein.

Champagner im Glass,
Da gönnt man sich was.
Auch der Kalbsrücken duftet,
Und der Küchenchef schuftet.

Alles ganz elegant.
Ja, so ist unser Land.
Doch die Bürger, die Dreisten,
Dürfen sich das nicht leisten.

Ihr müsst geizen und sparen,
Mit den Fahrrädern fahren.
Ganz vegan muss es sein,
Trinkt Wasser statt Wein.

Unser Krieg kostet Geld,
Das allein ist's, was zählt.
Und spart auch CO_2
Nur wer arm ist, wird frei.

Wenn's die Medien sagen,
Wird das Volk es auch tragen.
Aus Kautschuk die Wurst
Sojamilch gegen Durst.

So wie Covid und Krieg,
Suchen sie ihren Sieg -
Und man zeigt uns geschickt,
Wie devot man sich bückt.

Man lebt, ohne zu klagen.
Bloß nichts Kritisches sagen.
Bist sonst „rechts" und gemein,
Und wer will das schon sein.

Man versteckt sein Gesicht,
Schwurbeln, das will man nicht.
Passt da was nicht hinein,
Dann redet man's klein.

Rot-Grün leuchtet der Saal,
Bei dem herrlichen Ball.
Was der Bürger nicht weiß,
Das macht ihn nicht heiß.

Man berichtet nicht breit,
Dafür ist keine Zeit.
Denn zur Rettung der Welt,
Tut man alles, was zählt.

Dass sie immer sich bücken,
Wenn die Sorgen sie drücken -
Und dass kuschen sie sollen,
Wenn die Führer das wollen.

Dafür opfert man gern,
Und man glaubt seinen Herrn.
Lass sie tanzen und schmausen.
Die Mehrheit bleibt draußen.

Kernkraft

Die Atomkraft im Land,
Sie ist unser Grab.
Es liegt auf der Hand,
Wir schalten sie ab.

Schrieb Bücher für Kinder,
Jetzt im Amt als Minister,
Atomüberwinder,
Zieht er alle Register.

Das Kraftwerk ist schädlich
Wenn es hier bei uns steht.
Das Atom, das ist tödlich,
Egal, wie man's dreht.

Doch ukrainischer Strom,
Ob AKW oder nicht,
Können keinen bedroh'n,
Dort braucht's keinen Verzicht.

Sie sind schon gebaut,
Sind drum keine Gefahr.
Das verkündet er laut,
Ist das nicht sonderbar?

Trotz Raketen und Krieg,
Sind sie gut und stabil.
Sie verhelfen zum Sieg,
Und sie führen zum Ziel.

Unsre Medien schweigen,
Sind rot-grün dominiert.
Bloß die Fehler nicht zeigen,
So wird weiter geschmiert.

Sie ist weg die Gefahr,
Strom wird jetzt importiert.
Mit Atomkraft, na klar,
Oder gleich rationiert.

Nun wird das alles fein.
Wir produzieren ganz grün.
Nur die Rechten, sie schrei'n,
Wenn die Windräder blüh'n.

Französischer Strom,
Der schadet uns nicht.
Er verträgt auch Atom.
Das fällt nicht ins Gewicht.

Die Versorgung im Land,
War stets oberstes Ziel.
Nun wird alles verbrannt,
Alles wird instabil.

Grün, Rot oder Gelb,
Und auch Schwarz ist dabei.
Wir werden verprellt,
Mit Parteieinheitsbrei.

Glauben statt Wissen

Früher da war es das Wort,
Man glaubte an Bibel und Gott.
Das ist nun vorbei und weit fort,
Für die Kirche finden Viele nur Spott.

Was die Regierung sagt, glauben wir gern,
Die Medien, die sagen uns viel.
Auch Experten und ähnliche Herrn,
Haben hier bei uns ganz leichtes Spiel.

Nur wer herrscht, der hat Autorität.
Was er sagt, hat für uns hohen Wert.
Ein Vertrauensverhältnis entsteht,
Wo man sich nicht um Tatsachen schert.

Wozu soll man es denn hinterfragen.
Auch ist das nicht mehr opportun.
Wir bezweifeln es nicht, was sie sagen,
Nur die Rechten würden das tun.

Unser Glaube ersetzt all das Wissen.
Was sie tun, das ist stets legitim.
Was wirklich ist, ignoriert man beflissen,
So gehorchen wir unsrem Regime.

Auch wenn die Beschlüsse uns schaden,
Unser Fernsehen redet das klein.
Wir tun trotzdem, was sie uns raten,
Denn keiner will Querdenker sein.

Wir verteidigen, was sie entscheiden,
Reden alle Entscheidungen schön.
Jeden Widerspruch will man vermeiden,
Auch die Schmerzen, sie werden vergeh'n.

So beherrscht man das menschliche Hirn.
Auf den Kopf stellt man so unsre Welt.
Man bietet der Wahrheit die Stirn,
Und kann tun, was einem gefällt.

Lang und breit

Lang die Not
Breit der Tod.
Wer sie wählt
Ist gequält.

Unser Land
In ihrer Hand.
Für sie zählt
Nur unser Geld.

Wir bezahlen
Nach den Wahlen
Jeden Mist
Der Rot-Grün ist.

Mondnacht (nach Eichendorff)

"Es war, als hätt der Himmel
die Erde still geküsst,
dass sie im Blütenschimmer
von ihm nun träumen müsst.

Die Luft ging durch die Felder,
die Ähren wogen sacht,
es rauschten leis' die Wälder,
so sternklar war die Nacht.

Und meine Seele spannte
weit ihre Flügel aus,
flog durch die stillen Lande,
als flöge sie nach Haus."
(Joseph von Eichendorff)

Doch all die schönen Sagen,
Wir hören sie nicht mehr.
In diesen schweren Tagen,
Fällt jede Freude schwer.

Die Schönheit ist verborgen.
Verdeckt ist unser Sein.
Statt Freude sind es Sorgen,
Und alle Hoffnung klein.

Ob wir an Wunder glauben,
Ob wir vor Schmerzen schrei'n.
Man will den Willen rauben,
Uns selber zu befrei'n.
(Helmut Matt)

Zwischenruf: Gender

Was sind eigentlich "Mitarbeitende", wenn diese gerade mal nicht mitarbeiten, sondern einfach nur Kaffee trinken oder gar pupsen? Sind sie dann immer noch Mitarbeitende? Eigentlich sind sie dann nämlich aktiv nur noch kaffeetrinkende oder pupsende Mitarbeiter.

Könnten da nicht gar das generische Maskulinum, das generische Femininum oder das generische Neutrum hilfreich sein? Aber natürlich nur, wenn es noch Menschen gibt, die es verstehen und anzuwenden wissen. Und da wird die Luft mittlerweile tatsächlich sehr dünn in diesem Land.

Es gibt jetzt: Tote Radfahrende, biertrinkende Fußballspielende, schlafende Studierende, nüchterne Schnapstrinkende

Wenn's die Sprache nicht kann,
Müssen Deppen jetzt ran.
Regeln, die sich nicht wehren,
Irrsinn wird sie zerstören.

Was nicht passt wird verboten.
Uns gehorchen Idioten.
Die tun, was wir sagen,
Keinen Widerspruch wagen.

Sprecher gibt es nicht mehr,
Sprechende müssen nun her.
Lasst die Sprachen nicht wenden
Wenn die Worte verenden.

Tote Radfahrende

„Gendern" heißt der Sport.
Man reißt an jedem Wort.
Das ist die neue Welt,
Wo Denken wenig zählt.

„Student" ist man zwar immer,
Auch wenn man schläft im Zimmer.
Studierend ist man nicht,
Wenn man ein Fass ansticht.

Selbst wenn man sich betrinkt,
Und frohe Lieder singt,
Auch wenn man mal verpennt
Bleibt man doch ein Student.

Wer „Südseekönig" sagt
Und an dem Schaumkuss nagt,
Wer Sintischnitzel isst,
Der glaubt den ganzen Mist.

Die Welt wird zum Quadrat
Und Tote fahren Rad.
Auch Doppelpunkt und Stern
Verwendet man jetzt gern.

Gekapert und besetzt
Wird Sprache nun verletzt.
Mit Sprechpausen im Wort
Setzt man den Unsinn fort.

Deutsch lernen muss man nicht,
Dafür ist Denglisch Pflicht.
Zu dumm, sie zu verwenden,
Muss die Grammatik enden.

Mit Doppelpunkt und Sternen,
Soll man den Wahnsinn lernen.
Die Sprache wird vernichtet,
Von Narren hingerichtet.

Blasphemie

Der Meeresspiegel steigt,
Alles geht zu Ende.
Die Wissenschaft, sie zeigt
Wir brauchen jetzt die Wende.

Den Untergang der Welt,
Das Klima wandelt sich.
Das ist's, was man erzählt,
Das Hirn lässt uns im Stich.

Man soll nicht hinterfragen,
Schon gar nicht kritisch sein.
Kein Widerspruch, kein Klagen,
Denn das bringt alles Pein.

Man soll nicht selber denken.
Beweise braucht es nicht.
Die Führer sollen lenken.
Der Glaube wird zur Pflicht.

Die Wissenschaft ist tot,
Die Medien okkupiert,
Das Denken ist grün-rot,
Die Wahrheit ist frisiert.

Etwas dagegen sagen,
Oh, welche Blasphemie,
Man darf nichts hinterfragen,
Sowas verzeih'n sie nie.

Den Leugner braucht man jetzt,
Man stellt ihn an die Wand.
Wer zweifelt, wird gehetzt,
Zur Richtstatt wird das Land.

Mit CO2 und Viren,
Mit Russland und dem Krieg,
Da kann man nicht verlieren,
Sie sind ganz nah am Sieg.

Wir sollen ganz fest glauben,
Sagt auch die „Wissenschaft".
Bloß Fragen nicht erlauben,
Weil das nur Zweifel schafft.

Sie kaufen sich die Wahrheit.
Sie kaufen sich die Welt.
Verschleiern alle Klarheit,
Und das mit unsrem Geld.

Die Wahrheit hat Migräne

Es ist die Inflation,
Da kann man halt nichts machen.
Dafür kriegst du mehr Lohn,
Die werden das schon machen.

Die Welt, sie dreht sich weiter,
So, wie es sich gehört.
Der Hahn sitzt auf der Leiter,
Und alles wird zerstört.

In Davos entstehen Pläne,
Die Tante die wählt Grün.
Die Wahrheit hat Migräne,
Und Zeitungsmärchen blüh'n.

Vier Euro der Salat,
Das ist doch gar nicht teuer.
Da freut sich auch der Staat,
Denn so steigt auch die Steuer.

Die Staatseinnahmen steigen,
Und sei's nur Nominal.
Den Nörglern wird man's zeigen,
Bis zu der nächsten Wahl.

Und lässt man uns dann wählen,
Belügt man uns erneut.
Die Kreuzchen auszuzählen,
Kein Trick wird da gescheut.

Sie kennen das Ergebnis,
Schon wochenlang voraus.
Trotzdem wird ein Erlebnis,
Ne wahre Show daraus.

Im Land spürt man die Not,
Doch ändern tut sich's nicht.
Denn Ordnung ist Gebot,
Und Unterwerfung Pflicht.

Versagen ohne Ende

Graichen
Muss weichen.
Habeck bleibt leider.
Der Schrecken geht weiter.

Bärlauch
Bleibt auch.
Ihr ganzes Versagen,
Muss sie ja nicht tragen.

Auch der Rest,
Klebt noch fest.
Da hilft uns kein Flehen,
Auch der Scholz will nicht gehen.

Nur der Profit zählt

Da geht er nun der Graichen.
War er nicht Habecks Hirn?
Geh'n beide über Leichen
Mit Hörnern auf der Stirn!

Doch sind wir ihn nicht los.
Und ist es auch nicht offen.
Sein Einfluss, der bleibt groß
So bleiben wir betroffen.

Hal Harvey bringt das Geld.
Agora ist sein Netz.
So bauen wir die Welt.
Sie schaffen das Gesetz.

Nun machen sie das Sein
Sie kapern sich die Welt.
Der Widerstand bleibt klein
Da hilft nicht nur ihr Geld.

Das Volk, das schaut TV.
Dort wird man informiert.
Da weiß man dann genau
Was in der Welt passiert.

Das, was man dort berichtet,
Nur das ist existent.
Der Rest, der ist erdichtet
Zumal ihn keiner kennt.

Agora und der Graichen
Erklären uns die Welt.
Geh'n weiter über Leichen
Nur der Profit der zählt.

Weiterlügen

Da kann auch der Graichen
Nicht das Wasser dir reichen.
Dem Erfolg muss er weichen
Man geht über Leichen.

Der Habeck bleibt dran,
Obwohl er nichts kann.
Was geht uns das an,
Es wird nichts getan.

Auch Bärlauch geht nicht
Darum glaubt ihnen nicht.
Es hat kein Gewicht,
Was sie uns verspricht.

Und all ihren Lügen,
Dem frechen Betrügen,
Werden wir uns nicht fügen,
Ihnen nicht mehr genügen!

Schöne Fernsehwelt

Wir lieben das TV-Gerät,
Denn es liefert Qualität,
Bei ARD und bei den Dritten,
Auch ZDF, ganz unbestritten.

Nur was dort läuft, ist Wirklichkeit,
Die Medien machen uns gescheit.
Man wird dort stets die Wahrheit sagen,
Das Wichtigste nur übertragen.

Drei Säcke Reis sind umgefallen,
Der Puma hat die längsten Krallen.
Die Bundesliga fällt heut aus,
Frau Merkel kriegt nen Blumenstrauß.

Nein, sonst ist wirklich nichts passiert,
Erzählt man dort ganz ungeniert.
Glaubt bloß nicht, was die Schwurbler sagen,
Man lügt gar viel in diesen Tagen.

Von Börsenkrach und Inflation,
Dazu verliert man keinen Ton.
Die Meinungsfreiheit eingeschränkt?
Ein Bösewicht, der sowas denkt.

Auch über's Wetter wird berichtet,
In Estland wurd' ein Bär gesichtet.
Man schränkt zwar Menschenrechte ein,
Doch sagt man uns, das muss so sein.

Wir müssen alle ganz fest glauben,
An Sonnenschein und Friedenstauben.
Die Medien hinterfragt man nicht.
Schon gar nicht, wenn der Kanzler spricht.

Nur glauben soll man, bloß nicht wissen,
Und die Karottenfahne hissen,
Schwarz-Rot-Gold, das braucht man nicht,
Das Gendern machen sie zur Pflicht.

Frei denken, das wird abgeschafft,
Der Fernsehmoderator lacht.
Auch in den Filmen wird erzogen,
Die queere Scheinwelt vorgelogen.

Lebst du in dieser bunten Welt,
Die dich im Dauerkoma hält,
Dann wirst du nicht mehr selber denken
Und lässt dein Hirn von anderen lenken.

Leugner

Der „Glaube" ist's, was zählt,
Wir hinterfragen nicht.
Voll „Glauben" ist die Welt,
Kaum einer widerspricht.

Wer „glaubt", der hat es gut.
Es braucht keinen Beleg.
Es geht ganz ohne Mut
Man weicht nicht ab vom Weg.

Gender und CO2,
Die neue Religion
Auch Covid mit dabei,
Wer hinterfragt das schon.

Wer kritisch fragt, der leugnet,
Und leugnen ist Verrat,
Selbst wenn nur angedeutet,
Dass jemand Zweifel hat.

Der Leugner, der stellt Fragen,
Verrät das neue Denken,
Weil ihn die Zweifel plagen,
Auf falsche Wege lenken.

Die Medien, sie sagen,
Was man zu „denken" hat.
Das eigne Selbst befragen,
Das findet nicht mehr statt.

Wer für die anderen denkt,
Bestimmt auch über sie.
Das Volk, es wird gelenkt,
Wie eine Herde Vieh.

Der Leugner passt nicht rein,
In diese schöne Welt,
Drum redet man ihn klein
Bis er ganz kaltgestellt.

Ein Schwurbler, gar ein Hetzer,
Der böse Sachen sagt.
Ein Nazi und ein Ketzer,
Der alles hinterfragt.

Sprachverbot

"Volksverhetzung" heißt das jetzt.
Die Sprache wird streng kontrolliert.
Der Denunziant fühlt sich verletzt.
Das, was man sagt, wird nun zensiert.

Begriffe, sie sind nicht verboten,
Bestätigt mir die Polizei.
Doch Vorsicht, die ist jetzt geboten,
Man redet heute nicht mehr frei.

"Endlösung", das muss man sehen,
Ist böse schon in der Tendenz.
Man kann das einfach falsch verstehen,
So, wie die "Wannseekonferenz".

Das alles sei, so heißt es jetzt,
Erlaubt zwar, doch man sagt es nicht.
Denn mancher fühlt sich doch verletzt,
Weil es nicht seiner Welt entspricht.

Gefährlich ist nicht, was man sagt,
Doch was man daraus konstruiert.
Drum ist stets Vorsicht angesagt.
Was nicht mehr passt, das wird zensiert.

Doch mich alleine trifft es nicht,
Freiheit und Recht, die sind bedroht.
Auch Bhakdi stand nun vor Gericht.
Was früher war, ist heute tot.

Was immer wir geliebt im Land
Verschwindet, stirbt nun Stück für Stück.
Was einmal für die Freiheit stand
Ist weg und kommt auch nicht zurück.

Karfreitag

Auf Golgota endet,
Sein Weg in der Welt.
Sein Leben vollendet,
Den Christen ein Held.

Er war ohne Schuld,
Seine Macht war sein Wort,
Hatte endlos Geduld,
Trotzdem ward er durchbohrt.

Auch heute ist Sprache,
Ganz ohne Zensur,
Eine ganz heikle Sache,
In unsrer Demokratur.

Es heißt, wir sind frei,
Dürfen jetzt auch zur Wahl.
Alles ist Einheitsbrei,
Das Kreuz digital.

Wissen steht nun im Netz,
Und auch dort wird zensiert,
Denn es greift das Gesetz,
Man löscht ganz ungeniert.

Dein Profil wird entfernt,
Man stirbt ganz digital,
Und das Denken verlernt,
Der Grat ist sehr schmal.

So kreuzigt man heute,
Es heißt WWW.
Jetzt erzieht man die Leute,
Da stirbt jede Idee.

Unterwerfung, na klar,
Wer da mitmacht, der siegt.
Er bleibt, wie er war.
Wer sich wehrt, unterliegt.

Denken alle das Gleiche,
Ein jeder dabei,
Auch die kleinsten Bereiche,
Nur Gleichsein macht frei.

Weicht doch einer ab,
So wie zu jener Zeit,
Digital ist sein Grab,
Sein Ende nicht weit.

Drum gebt alle Acht,
Denunziert, wie ihr könnt.
Wenn einer was macht,
Man ihn Abweichler nennt.

So war's bei den Viren,
So ist's mit dem Krieg,
Gedanken erfrieren,
Das Leben verglüht.

Ostern

Den Tod überwinden,
Unser Sein wiederfinden.
Aus dem Grab auferstehen
Die Ewigkeit sehen.

Unser Dasein wird enden
Du kannst es nicht wenden.
Unser irdisches Leben,
Wird es zweimal nicht geben.

Lass es dir drum nicht nehmen
Und auch nicht vergrämen.
Folge nicht ihren Worten
Die unsre Freiheit ermorden.

Lockdown und Sperren,
Sie kommen und zerren
Von der Bank dich herab.
Alles schließen sie ab.

Man nimmt deine Würde,
Und scheut keine Hürde
Sperrt dich jede Nacht ein.
Darfst frei nicht mehr sein.

Lass nicht mit Gesetzen
Deine Freiheit verletzen,
Mit Regeln dich quälen.
Deine Lebenszeit stehlen.

Sein Leben und Tod,
Seine menschliche Not.
Er ließ nicht von Tyrannen
Vor den Karren sich spannen.

Widersetzt euch dem Bösen.
Nur das wird euch erlösen.
Sie können nur unterdrücken,
Wenn die Menschen sich bücken.

Lasst euch nicht unterwerfen,
Denn wir müssen ihn schärfen,
Unsern Widerspruchsgeist.
Der Geduldsfaden reißt.

Gegen's eigene Volk,
Hat man selten Erfolg.
Wir werden uns wehren,
Ihre Pläne zerstören.

In Asche und Scherben,
Wird das Böse verderben.
All der Lug, er wird enden,
Wenn die Menschen sich wenden.

Pfingsten

Der göttliche Geist kommt über die Welt,
Wahrheit und Weisheit dem Lichte geweiht.
So hat es die Bibel uns immer erzählt.
So wird unser Denken von Ketten befreit.

Gottheit und Licht bestimmen das Sein,
Die Pforten des Himmels erreicht man sonst nicht.
Nur Erkenntnis erlöst uns vom billigen Schein,
Aus dem weltlichen Dunkel ins himmlische Licht.

Doch statt Wahrheit herrscht überall finstere Nacht.
Die Wirklichkeit gänzlich bestimmt durch das Geld.
Wer nicht mitmacht, der wird von der Mehrheit verlacht.
Nur Ichsucht und Gier bestimmen die Welt.

Zerstörung ist Ziel ihrer Philosophie.
Die Anleitung dazu, die kommt aus Davos.
Die Menschen sie schlafen, es herrscht Agonie,
Ihr Wissen ist klein, das Vertrauen zu groß.

Nicht Gott ist es, der die Regierungen lenkt.
Erleuchtung kommt nicht vom heiligen Geist.
Vertrauen, das ihr den Politikern schenkt,
Das nutzen sie aus und missbrauchen es dreist.

Es scheint, es muss wirklich erst alles versinken,
Bevor man erwacht in namhafter Zahl.
Erst wenn die Menschen in Fluten ertrinken,
Gibt es Hoffnung auf baldiges Ende der Qual.

Fronleichnam

Verloren die Rettung im Leben.
Nur Erwachen im Sein bringt uns Licht.
Glaube und Hoffnung sind uns gegeben.
Erst der Tod führt uns vor das Gericht.

Unsre Welt hat die Gottheit verraten,
Keiner glaubt mehr ans jüngste Gericht.
Wir hoffen auf Lohn unsrer Taten.
Die Erlösung die sehen wir nicht.

Als der Hahn, so die Schrift, dreimal rief,
Hat die Welt sich versteckt vor dem Sein.
Und während der Widerstand schlief,
Blieb der Wille zum Kampf winzig klein.

Gottes Gegenwart fehlt unsrer Welt.
Statt Sein die Vernichtung des Lebens.
Im Nichts unsres Sterbens zerfällt,
Das Licht des verzweifelten Strebens.

Das Wesen des Lichts heißt Vertrauen,
Purer Glaube versinkt in die Nacht,
Nur die Hoffnung auf Widerstand schauen,
Schöpft den Funken der heiligen Macht.

Hat der Hahn bereits dreimal gerufen,
Und die Welt sich dem Nichts offenbart,
Unsrer Einfalt geöffnet die Stufen,
Den Sieg der Vernichtung gewahrt.

Wir stehen am Abgrund und hoffen,
Dass zu sich wieder findet die Welt.
Das Erkennen macht uns betroffen,
Die Ewigkeit ist uns verstellt.

Gekreuzigt ist nicht unser Leben,
Erwachen das Wesen im Sein.
Widersprechen und Widerstand geben,
Kann erlösen uns von all der Pein.

Die Zerrüttung der Welt fordert Wahrheit.
Die Erlösung ist schmerzlich und fern.
Im Bewusstsein erwacht unsre Klarheit,
Der erlösenden Ewigkeit Stern.

Die Hoffnung auf Rettung ist klein,
Im Denken erhält sie Gestalt,
Nur der Wille zur Freiheit allein,
Gibt dem Streben der Menschen Gewalt.

Der Staat ist unsere Beute

Es ist ganz kostenlos.
Der Staat zahlt euch das.
Konsum ist ganz groß.
Völlig gratis der Spaß.

Wir retten die Welt.
CO2 ist fatal.
Das Jasagen zählt.
Das Regime ist genial.

Die Abgabe steigt.
Es ist sonderbar!
Der Verkaufsindex zeigt
Unsre echte Gefahr.

Das Atom ist ein Graus
Im eigenen Land;
Drum knipst man es aus,
Fährt sich selbst an die Wand.

Was das kostet? Egal!
Wir haben das Geld.
Ist ganz kostenneutral.
Man kriegt alles gestellt.

Wenn's noch immer nicht reicht
Werden Steuern erhöht.
Es fällt ihnen leicht,
Wenn das Geldrad sich dreht.

Sind die Wahlen vorbei,
Wird der "Staat" okkupiert.
Was sie futtern, ist frei,
Ganz von uns finanziert.

In der Schule gepennt,
Nie was Rechtes gelernt,
Geht man ins Parlament,
Weit vom Dasein entfernt.

Und so sieht unsre Welt
Wie ein Puppenhaus aus.
Wo es herkommt, das Geld,
Ja was macht denn das aus?

Dafür gibt's doch den Staat,
Wer immer das sei.
Das Krumme gerad,
Der Sinn völlig frei.

Unsere heile Medienwelt

Der Glaube an die Wahlen,
Der Wahrheitswert von Zahlen,
Geben der Welt den Schein,
Frei und gerecht zu sein.

Ganz auf das Gute bauen,
Fest dem System vertrauen,
Bloß nicht was Eignes denken,
Das ganze Schicksal lenken.

Das Fernsehn zeigt die Welt,
Das, was dort flimmert, zählt.
Dort sieht man auch Online
Den kunterbunten Schein.

Damit wir nicht erwachen,
Uns selbst Gedanken machen,
Wird müde man uns machen,
Mit Konsum und solchen Sachen.

Romanzen ohne Ende,
Die gab's schon vor der Wende.
Doch LGBTQ,
Gibt es jetzt mit dazu.

Die Sonne aus der Dose,
Die grüne Alltagssauce.
Kein Film mehr ohne Gendern.
Unser Denken soll sich ändern.

Die schöne, neue Welt
Wird im Fernsehn vorgestellt.
Der Mensch wird dort verbogen,
Zum Gutmenschen erzogen.

So werden wir geblendet,
Das freie Denken endet.
Da glaubt man all die Lügen
Mit denen sie betrügen.

Die Freiheit simulieren,
Von Frieden fabulieren.
Ganz demokratisch lügen,
Wenn Medien betrügen.

Sich gänzlich unterwerfen,
Die Anpassung verschärfen.
Stets die Regierung fragen,
Man soll doch sonst nichts sagen.

Dafür zahlen wir Gebühren,
Die uns vor Augen führen,
Egal, wie sie uns hassen,
Dass wir uns melken lassen.

Angst

Zum Regieren braucht man Macht.
Das Volk, das muss man überwachen.
Wer nie darüber nachgedacht,
Der muss sich ernstlich Sorgen machen.

Um die Kontrolle zu behalten,
Gibt man nach außen hin sich frei,
Auch um die Schäfchen zu verwalten,
Welch feiner Demokrat man sei.

Um ihren Geist zu okkupieren,
Setzt man sich in den Rundfunkrat.
Darf die Kontrolle nicht verlieren;
Und unterwirft sich seinen Staat.

Dort wird nun linientreu berichtet.
Der Schein der Freiheit bleibt bewahrt.
Die Meinung nach Proporz gewichtet.
Kritische Fragen ausgespart.

Nur nebenbei wird unterhalten.
In Angst will man uns jetzt versetzen,
Uns dauernd in Bewegung halten,
Uns so durch die Manege hetzen.

„Wohl" ist eins der Schreckensworte,
„Droht" und „gut möglich" nutzt man häufig.
„Vielleicht" ist auch von dieser Sorte.
Auch Fragezeichen sind geläufig.

Corona droht uns zu vernichten.
Vom Krieg wird heute viel erzählt.
Man weiß vom Euro zu berichten,
Und dass sein Wert „wohl" weiter fällt.

Auch CO2 bedroht die Welt.
Daran muss man nun ganz fest glauben,
Weil der Beweis noch immer fehlt,
Und sie die Zweifel nicht erlauben.

Auch Griechenland ist hoch verschuldet
Und Ouzo wird „wohl" bald ganz knapp.
Der Zweifel der wird nicht geduldet,
Sonst brechen sie die Sendung ab.

Tief in der Krise sind die Banken.
„Gut möglich", dass sie Pleite geh'n.
Man soll auch nicht mehr Diesel tanken,
Elektrisch will man untergehn.

So hetzt man uns von Schreck zum Schrecken,
Dass nie Beruhigung eintritt.
Man muss die Zukunftsängste wecken.
So hält man mit dem Leben Schritt.

Ausnahme wird nun permanent,
Das hat Herr de Maizière erzählt.
Was wirklich läuft, bleibt unerwähnt,
Solang man solche Würste wählt.

Und während uns die Angst diktiert,
Was unsre nächsten Schritte sind,
Wird uns das Denken oktroyiert,
Wir folgen ihren Lügen blind.

So einfach wird das Volk erzogen,
Mit Zukunftsangst der Blick verstellt.
Mit Fake-Prognosen angelogen,
Verschreckt uns ihre Märchenwelt.

Ausverkauf

Mit Koffern voll Geld
Reist man gern um die Welt.
Man verschenkt unbeschwert
Wenn es andern gehört.

Palau ist sehr schön,
Kann auch nicht untergeh'n.
Nein, es ist auch kein Wunder:
Ein Atoll geht nicht unter.

Unser Geld nimmt man gern?
Deutschland ist ziemlich fern.
Frau Bärlauch ist dumm,
Darum lächelt man stumm.

Auch Moldova will Geld
Denn was kostet die Welt.
Für die Inder Milliarden,
Und lasst China nicht warten.

Das Volk hat kein Gewicht,
Man misstraut ihnen nicht.
Denn sie sind ja gewählt.
Und das ist es, was zählt.

Wird der Kanzler gefragt
Was er dazu sagt,
Deutet der auf die Stirn:
„Ihr habt wohl gar nichts im Hirn."

Man tut das, was gefällt,
Für vier Jahre gewählt.
Demokratie simuliert.
Nicht ein bisschen zensiert.

Von Benin und von Kunst,
Hat die Frau keinen Dunst.
Ohne Sinn und Verstand,
Gibt sie Kunst aus der Hand.

So wird alles zerstört,
Was zu Deutschland gehört.
Die Ampel ist rot
Und das Land ist bald tot.

CDU: Nein Danke

Die Chamäleonpartei CDU soll es richten? Wird sie vorher auch brav in Davos nachfragen, ob sie das darf?

Die Black-Rock-Puppe ist ganz sicher keiner, der in der Lage ist, in diesem verlotterten Postcovid-Land irgendetwas zu reparieren. Da müsste zuerst einmal die ganze Meute, die für die Scherben verantwortlich ist, abtreten. Eine Entschuldigung sollten wir von diesen Heuchlern sowieso nicht annehmen.

Und wenn sie denn endlich gegangen sind, braucht man sie überhaupt nicht mehr, oder?

Ein Volk, das solche Parteien wählt und damit eine Koalition mit ihnen nötig macht, hat es vermutlich nicht besser verdient, als unterzugehen.

Andererseits gibt es auch einen Funken Hoffnung: Vermutlich werden im eigenen Untergang und im Bewusstsein der Zerstörung des Landes die Schmerzen so groß und so weit verbreitet sein, dass die Lust, in Wahlen für seine eigene Vernichtung zu stimmen, immer weiter nachlässt.

Die Brandmauer steht,
Sagt uns der Herr Merz.
Was er drunter versteht,
Ist leider kein Scherz.

Die Partei ist obsolet,
Geht mit jedem ins Bett.
Auch wenn man sie dreht,
Wird sie trotzdem nicht nett.

Nur noch links ist erlaubt,
Wenn man mitreden will.
Aller Sinne beraubt
Sind die Menschen ganz still.

Der Mensch ist ganz egal,
Kritik hat kein Gewicht.
Und bis zur nächsten Wahl,
Befragt man ihn nicht.

Was immer er denkt,
Man will kein Plebiszit.
So wird er gelenkt,
Man bewacht jeden Schritt.

Was das Volk dazu sagt
Wird streng überwacht.
Bald weiß man sogar,
Was es träumt in der Nacht.

Doch Kritik am System
Ist trotzdem nicht in Sicht.
Denn das ist unbequem,
Also tut man es nicht.

Und so schnurrt ARD,
Man wähl, wie bisher.
Auch ZDF tut nicht weh
Drum ist herrschen nicht schwer.

Lügen sind wichtig

Noch ist nicht allen klar,
Wie man die Ängste weckt,
Das Volk mit Grauen schreckt,
Dass alles Lüge war.

Alles war einstudiert.
Der Lockdown völlig klar
Teil ihrer Pläne war.
Man hat nur simuliert.

So galt es zu erfahren,
Wie weit man gehen kann,
Dass alle wie ein Mann,
Sich um die Glotze scharen.

Der Fluch der bösen Tat:
Den Abstand überwacht,
Ausgang verwehrt bei Nacht.
Es ging bis zum Verrat.

Den ganzen langen Tag,
Ist Dunkelheit statt Licht,
Trotz Maske im Gesicht.
Sich wehren ist Verrat.

Nun ist der Spuk vorbei.
Jetzt hat man neue Lügen.
Der Mensch hat sich zu fügen.
Wir werden nicht mehr frei.

Angst macht nun der Krieg.
Nun müssen wir verzichten,
Die Feinde zu vernichten.
Wir hoffen auf den Sieg.

Auch Siegen macht nicht frei.
Sie wollen uns doch lenken,
Dass niemals selbst wir denken.
Jetzt kommt das CO_2.

Das Gas ist unser Ende
Und nur am deutschen Wesen
Kann unsre Welt genesen.
Drum brauchen wir die Wende.

Ein Schelm, der Böses denkt.
Man isst nun ganz vegan,
Zieht nur noch Kutten an.
So werden wir gelenkt.

Man muss jetzt ganz fest „glauben".
Man soll nichts hinterfragen,
Und bloß nichts Falsches sagen,
Auch Zweifel nicht erlauben.

Alles fällt in Scherben:
Auch das tut uns nicht weh,
Wir schauen ARD.
Die Zukunft wird nun sterben.

Vegane Wärmepumpen

Der Minister ist ein feiner Herr,
Er pflegt seine Kontakte sehr.
Er ist die Stimme seines Herrn
Die Stadt Davos, sie ist nicht fern.

Er weiß zwar nicht, dass er nichts weiß,
Doch das hat leider seinen Preis.
Er redet oft recht dumm daher,
Da haben's selbst die Medien schwer.

Mit Deutschland etwas anzufangen,
Das darf man von ihm nicht verlangen.
Zum „Kotzen" ist's, hat er gesagt.
Doch danach wird nicht mehr gefragt.

Man geht nicht „pleite", so sein Rat,
Hat bloß nicht genug Geld parat.
So lebt er ganz in seiner Welt,
Und tut, was er für wichtig hält.

Dass gut versorgt sind die Verwandten,
Der Onkel hier und dort die Tanten.
Auch Trauzeugen muss man versorgen
Und Freunde fühlen sich geborgen.

Der Graichen hat zwar abgedankt,
Doch fürstlich ward es ihm gedankt.
Die Abfindung und seine Rente,
Nein, das ist keine Zeitungsente.

So ist das auch mit Wärmepumpen,
Da lässt der Roland sich nicht lumpen.
Wird einfach ein Gesetz gemacht,
Das Viele jetzt zu Bettlern macht.

Die Wärmepumpen fressen Strom,
Doch ist's die einzige Option.
Die Branche reibt sich schon die Hände,
Für sie ist das die große Wende.

Der Strom wird bald auch rationiert,
Auch dann, wenn man im Winter friert.
Einst kam er aus dem eignen Land,
Heut gibt man alles aus der Hand.

Auch isst man nicht mehr Fleisch und Wurst,
Und löscht mit Sojamilch den Durst.
So spart ein jeder für den Krieg,
Für CO_2 und für den Sieg.

Vegan ist unser neues Sein,
Wer da nicht mitmacht, ist gemein.
Der Fußabdruck ist jetzt ganz wichtig,
Man geht zu Fuß und spart so richtig.

Dass CO_2 ganz schädlich ist,
Die Grünen glauben jeden Mist.
Bisher ist kein Beweis erbracht,
Doch wer fest glaubt wird nicht verlacht.

Die Wende ist schon längst erreicht,
Die meisten Hirne aufgeweicht.
Darum lässt es sich leicht regieren,
Und Unsinn in die Zeitung schmieren.

Die Welt steht heute auf dem Kopf,
Man hängt halt an dem Ampeltropf.
Die Mehrheit hat den Mist gewählt,
Nur das ist es, was wirklich zählt.

Unterwerfung hat längst stattgefunden

Ich fürchte, sie sind bereits intensiv dabei, die Macht über die Welt und die Menschen vollständig zu ergreifen. Das heißt auf der anderen Seite, dass die Beherrschten sich mittlerweile in großer Zahl dem Diktat der Herrscher unterworfen haben - und letztlich für ihre eigene Unterdrückung bezahlen.

Die Hinweise verdichten sich: Es sind die Kondensstreifen am Himmel, die nahezu wiederstandlose Hinnahme der Coronadiktatur oder der Massenmigration, die "alternativlose" Geldentwertung, die Bargeldabschaffung, Verfolgungs-Apps, Personendaten im weltweiten Internet.

Das Ende der Freiheit, wenn es sie denn jemals gab, ist längst Realität. Doch aus diesem Wust gibt es einen Weg - auch wenn er dornig ist.

Eure Zeit ist um.
Die Menschheit erwacht.
Die Lüge wird stumm
Bald endet die Nacht.

Ist die Not noch so groß,
Die Wahrheit gewinnt.
Bald sind wir sie los,
Und keiner entrinnt.

Deutsches Institut für Meinungskontrolle

Gemeinsam wollen wir's richten,
Den Gegner ganz zu vernichten.
Mit allen Mitteln ihn zwingen,
Ihn gänzlich zur Strecke bringen.

Man wird ihm nicht mehr erlauben,
Die Wählerstimmen zu rauben.
Alle Maßnahmen wird man ergreifen
Diesen Bösewicht gänzlich zu schleifen.

Die Propaganda muss man forcieren,
Darf die Oberhand nicht verlieren.
Die Medien tun, was wir sagen,
Den Feind mit Lügen erschlagen.

20 Prozent, sie machen uns schaudern,
Drum darf man nicht länger zaudern.
Ne alte Rede vom Höcke,
Jetzt bringen wir sie zur Strecke.

Anzeige wird man erstatten,
Keinen Freiraum mehr ihnen gestatten.
Man wird den Prozess wohl verlieren,
Doch das Volk zuvor manipulieren.

Auch das DIMR will man nutzen,
Um ihre Flügel gänzlich zu stutzen.
Dafür hat man es letztlich geschaffen,
Mit Verleumdung wird man es schaffen.

Man bewirft den Gegner mit Dreck,
Nur so, denkt man, kriegt man ihn weg.
Man würd ihn am liebsten verbieten.
Nur ohne ihn haben wir Frieden.

Sie können die Menschen belügen,
Dummdreist und frech sie betrügen.
Doch dieses Mal werden sie scheitern
Ihren Wirkungsgrad nicht mehr erweitern.

Die Menschen haben genug
Von den Lügen und all dem Betrug.
Schon bald hat das alles ein Ende.
Dann bekommt das Land seine Wende.

(DIMR = Deutsches Institut für Menschenrechte)

Letzte Generation

Sie kleben auf deutschen Straßen,
Sie sonnen sich gern in Fernost.
Sie leben in grünen Oasen,
Und wirken, wie nicht ganz bei Trost.

Bill Gates schickt ihnen viel Geld,
Auch Soros ist immer so frei,
Es dient doch der Rettung der Welt.
Auch Klaus aus Davos ist dabei.

Am Morgen wird lange geschlafen,
Danach wird die Zufahrt blockiert.
Das Fernsehn berichtet den Schafen,
Aktivisten seien friedlich spaziert.

Man erreicht Ambulanzen nicht mehr.
Hotels werden völlig zerstört.
Sie sind ein dämonisches Heer,
Ihre Schäden sind ganz unerhört.

Justiz und Regime schauen weg.
Aktivisten nennt man sie bloß,
Sie sind doch nur Mittel zum Zweck,
Empathie und Verständnis sind groß.

Raúl Semmler ist auch Aktivist,
Aber nur so ganz nebenbei.
Weil er sonst ein Serienstar ist,
Wer bezahlt, ist ihm ganz einerlei.

FFF-Hüpfer, Autobahnkleber,
Greta Thunfisch und auch CO_2,
Die Grünen und andre Angeber,
Wer da klebt, das ist doch einerlei.

Der Weltuntergang droht zu beginnen,
Das Ende des Daseins kommt bald.
Von dem Einsturz gibt es kein Entrinnen,
Darum gibt man den Klebern Gewalt.

So wird uns das Ende verkündet.
Der Weltuntergang ist konstruiert.
Der Protest und Davos sind verbündet.
Das Fernsehen lügt ungeniert.

Das Ende von Zeit und von Sein,
Das Klima ist jetzt Religion.
Die Kritiker hält man ganz klein,
Der „Glaube" bestimmt nun den Ton.

Die Dümmsten regieren die Welt.
Es herrschen gekaufte Chaoten.
Sie folgen dem fauligen Geld,
Und sind doch nur kleine Idioten.

Es lohnt sich nicht, sie zu entmachten.
Ihre Geldgeber sind das Problem.
Ihre Mittel sind tief zu verachten,
Uns bedroht ihr gesamtes System.

In Davos wird es koordiniert.
Dort sitzt die Zentrale des Bösen.
Wenn man sich auf sie konzentriert
Kann uns das vom Übel erlösen.

Es ist nur ihr Mittel zum Zweck.
Es koordiniert ihre Pläne.
Nimmt man das WEF ihnen weg,
Verlieren sie auch ihre Zähne.

Ein Schlag gegen ihre Strukturen
Bringt die Hoffnung auf Freiheit zurück.
Es sind ihre dunklen Kulturen:
Sie zerstören das menschliche Glück.

Spätes Erwachen

Die Zerstörung der Welt
Scheint ihr höchstes Gebot.
Alle Hoffnung zerschellt
In der tosenden Not.

In Schutt soll zerfallen
Alles, was wir gekannt.
Hilferufe verhallen.
Alles Gute verbannt.

Die Verblendung im Kopf,
Macht die Menschen devot.
So hängt man am Tropf,
Fügt sich ihrem Gebot.

Gegen Covid gespritzt,
Unterwirft man sich gern.
Wird der Erdball erhitzt,
Ist CO_2 nicht mehr fern.

Es ist nicht unser Krieg,
Doch die Pipeline zerschellt.
Und man friert für den Sieg.
Auch der Euro verfällt.

Nun wird Strom importiert,
Mit Atom oder nicht.
Fracking zertifiziert
Und das Sparen wird Pflicht.

Selbst das Heizen im Haus
Wird vom Staat kontrolliert.
Reißt den Gaskessel raus,
Dass das Hirn dir erfriert.

Strom ist zwar rares Gut.
Doch die Pumpe wird Pflicht.
Wer nicht mitmacht braucht Mut,
Bald kommt's Umweltgericht.

Nun spürt man die Schmerzen,
Die Zerstörung quält sehr.
Regime-Nebelkerzen,
Verfangen nicht mehr.

Bald erwacht Widerstand,
Und die Hoffnung kommt auf.
Sind die Ängste verbannt,
Wacht das Volk endlich auf.

Gott ist queer

Unser menschlicher Geist sucht nach Licht,
Nach Verständnis für das, was hier lebt.
Doch die Kraft unsres Denkens reicht nicht,
Nicht die Macht, die nach Höherem strebt.

Unser Hirn ist oft stark limitiert.
Wo man hinblickt begrenzt uns die Welt.
So ein Kirchentag ist inszeniert.
Doch der Glaube ist's, was wirklich zählt.

Unsren Schöpfer in ganz neuem Licht:
Pures Wesen, reiner Geist, reines Sein.
Das war gestern und zählt heute nicht.
Gott muss jetzt Teil der Gegenwart sein.

Nicht Geist ist er, queer soll er scheinen.
Adaptiert ist die woke Natur.
Verwirrung im Hirn wird uns einen.
Wer widerspricht, den jagt die Zensur.

Ein ganz übersinnliches Wesen,
Ist dem neuen Denken zu fern.
Nur Unterwerfung wird uns erlösen.
Man folgt dem dämonischen Stern.

Auf dem Kirchentag lernt man jetzt treu:
Gott ist queer. Das muss man fest glauben.
Das Wort interpretiert man jetzt neu,
Und darf jede Würde ihm rauben.

Die Kirche erscheint ganz konform.
Will ein Teil sein im Irrsinn der Zeit.
Assimilation ein Teil der Reform.
Erlösung und Hoffnung sind weit.

Frenetischer Jubel in der Halle.
Ihr Kuschelgott ist streichzarter Brei,
Ganz bunt und vegan sind sie alle,
Man fährt Fahrrad und spart CO2.

Wer mitmacht, nimmt Teil an dem Spiel,
Hat Vertrauen und glaubt jeden Mist.
Religion ist nun nur noch Gefühl,
Auch der größte Hanswurst ist ein Christ.

Blühender Wahnsinn

Rosen- und Lavendelblüten.
Voller Duft ist die Natur.
Unterm Dach die Spatzen brüten,
Sommerlich ist die Natur.

Sonne leuchtet, Früchte reifen,
Auf dem Dach die Amsel singt.
Wer das fühlt, der kann begreifen
Welche Macht uns da erklingt.

Weit weg sind die Bürokraten,
Fern ihr graues Einerlei.
Während sie im Irrsinn waten,
Braucht der Garten CO_2.

Während hier die Vögel singen,
Riecht's in Brüssel nach Profit.
Wenn sie Gier und Habsucht zwingen,
Herrscht auch ihre Ichsucht mit.

Leistungsträger spüren täglich,
Wertverlust und Inflation.
Sorgen werden unerträglich,
Schuften für den alten Lohn.

Ihre Zahl wird immer kleiner.
Denn jetzt gibt es Bürgergeld.
Dafür arbeiten will keiner.
Noch bizarrer wird die Welt.

Herrscher müssten sich nicht streiten,
Verdienen sie doch Geld wie Heu.
Doch sagen sie, sie müssen leiden,
Bewerten ihre Arbeit neu.

Mit Hilfen gegen Inflation,
Wird ihr Konto aufgefrischt.
Ganz kleine Prämien helfen schon.
Das wird den Bürgern aufgetischt.

Auch von der Leyen profitiert.
Sie ist damit nicht allein.
So fordert sie ganz ungeniert:
16 Prozent dürfen's schon sein.

Lasst sie sich im Reichtum sonnen.
Auch ihre Welt geht unter.
Und ist ihre Zeit zerronnen,
Da hilft dann auch kein Wunder.

Unsre Rosen blühen weiter.
Die Sonne lacht für jeden.
Die Gedanken bleiben heiter.
Lass an dem Geld sie kleben.

Neue Normalität

Die Welt ist nicht quadratisch,
Unsere Bäume sind nicht blau.
Es heißt zwar demokratisch,
Doch das ist nicht genau.

Unser Garten hat 'nen Zaun.
Ein Mann kann Frau nicht werden.
Mischt man rot mit grün kommt braun.
Auch Heuchler müssen sterben.

Ob Doppelpunkt, ob Sterne,
Die Sprache wird vernichtet.
Das Volk es zeigt stets gerne,
Wie man das Fähnlein richtet.

Die Einfalt hat das Sagen.
Paragraphen sind Rot-Grün.
Die Mehrheit wird nicht wagen,
Die Notbremse zu zieh'n.

Corona hat das Denken,
Ihrer Schafe okkupiert.
Sie lassen sich leicht lenken.
Die Verbote antrainiert.

So lässt sich gut regieren.
Unterdrückt wird Widerspruch.
Den Geist manipulieren.
Freies Denken wird zum Fluch.

Es gibt nur zwei Geschlechter,
Doch das Credo ist ganz leer.
Wer zweifelt ist ein Rechter,
Denn bald sind alle queer.

Dann ist die Welt quadratisch,
Die Dummheit wird zur Pflicht.
Das Dasein wird traumatisch.
Kritik erlaubt man nicht.

Gekaufte Wahrheit

Wer Deutschland demokratisch nennt,
Der glaubt auch an das Parlament.
Geheimschutzstelle? Nie gehört!
Das soll es geben? Unerhört!

Carpendale hat Geld bekommen?
Hirschhausen hat's auch genommen?
Auch Uschi Glas war mit dabei,
Im bunten Covid-Allerlei.

Prostitution, so hieß das mal.
Doch heute ist es ja egal.
Man hat den Menschen ganz gezielt,
Das Covid-Märchen vorgespielt.

Dass alles nur gelogen war,
Ist immer noch nicht vielen klar.
Corona-Angst war nur gespielt,
Weil man dafür viel Geld erhielt.

Für Geld den ganzen Mist beworben,
So mancher Impfling ist gestorben.
Und ist die Lüge aufgeflogen,
Wird trotzdem immer noch gelogen.

Dass Politiker verlogen sind,
Das weiß inzwischen jedes Kind.
Doch dass man sich auch Künstler holt?
Mit ihnen dann das Volk verkohlt?

So hat man alles vorgespielt,
Die Öffentlichkeit ganz gezielt
Am Nasenring herumgeführt.
Die Masse hat es nicht gespürt.

Ganz viele haben mitgemacht,
Gar ihre Nachbarn überwacht.
Mit Affenmasken im Gesicht,
Gehorsam tat man seine Pflicht.

Auch Grölemeyer spielte mit,
Hielt mit den Mitbewerbern Schritt.
Nun wirbt er für die neue Welt,
Kriegt CO2- und Gender-Geld.

Die meisten Medien nahmen teil.
Sie zogen an demselben Seil.
Sie haben alles mitgemacht
Und die Gehirne überwacht.

Alle Sender gleichgeschaltet,
Und die Show zentral verwaltet.
Befehle hinterfragt man nicht,
Und Lügen machte man zur Pflicht.

Die Medien wurden korrumpiert.
Die Covid-Sorgen simuliert.
Dem Volk hat man das Hirn geraubt
Damit es all den Unsinn glaubt.

Es kommt zwar nach und nach ans Licht.
Doch viele intressiert das nicht.
Die Unterwerfung war total.
Lief zum Schafott in großer Zahl.

Die Menschen wurden freigespritzt,
Es hieß, nur so sei man geschützt.
Der Geist, der wurde okkupiert.
So hat man all den Mist kaschiert.

Nun stirbt man leise, ohne Klagen.
Doch nach dem Grund will niemand fragen.
Der Promi hat viel Geld kassiert
Und sich dafür prostituiert.

Folgen der Impfung

Ihm geht's nicht gut, hat TBC
Und auch das Gehen tut ihm weh.
Sie hatte einen Schlaganfall,
Seitdem ist Sprechen eine Qual.

Ein andrer rasch reanimiert,
Sein Hirn für immer ruiniert.
So hat man viele freigespritzt,
Von den Behörden krankgeschützt.

Ein Nachbar hat sich sehr gefreut,
Hat auch das Boostern nicht bereut.
Nun ist er tot, fiel plötzlich um
Und niemand fragt, wieso, warum.

So etwas wird nicht hinterfragt,
Kein Arzt, der etwas dazu sagt.
Es ist halt einfach so passiert,
Dass da bloß keiner spekuliert.

Die Zahl der Toten nahm stark zu,
Den Grund zu suchen ist tabu.
Ganz und gar nebenwirkungsfrei
Sagt Lauterbach und grinst dabei.

Wo immer man nach Freunden fragt:
„Es geht ihm schlecht", wird oft gesagt.
Auch Herzinfarkt und Schlaganfall
Die gab es nie in solcher Zahl.

Und fragst du nach dem wahren Grund,
Dann heißt's, er war doch so gesund.
Wieso, weshalb, kann keiner sagen.
Erst recht nicht nach den Gründen fragen.

Man stirbt oder wird einfach krank.
Man sagt dazu nichts, Gott sei Dank.
Verantwortung will niemand tragen,
Alle sind zu feig zum Klagen.

Man hat dem Volk viel Angst gemacht,
Der Wahrheit ins Gesicht gelacht.
Die Medien wurden eingespannt:
Panikprogramm für's ganze Land.

Die Sprache wurde neu erfunden.
Krank definiert man die Gesunden.
Das Stäbchen rein tief ins Gesicht
Ein Virus hinterfragt man nicht.

So ging man sich die Spritzen holen,
Wie die Regierung es empfohlen.
Die einen fühlten sich geschützt.
Ganz viele wurden freigespritzt.

Danach hat man zwar bald erfahren,
Dass all die Spritzen nutzlos waren.
Trotzdem hat man nicht aufgehört,
Und sie in ihrem Wahn gestört.

Wer Wissen aus den Medien holt,
Erkennt nicht, wie man ihn verkohlt.
Auch wenn man munter weiter lügt,
Sieht er nicht, wie man ihn betrügt.

In dieser Welt voll Schein und Schaum,
Haben die Fakten keinen Raum.
Ein Schwurbler ist, wer anders denkt,
Von dunklen Mächten ferngelenkt.

Und wenn man auch die Wahrheit spricht,
Glaubt es der TV-Trottel nicht.
Man klebt an jeder Lüge gern,
Und folgt gehorsam seinen Herrn.

Karl entdeckt die Hitze

Der Herr Minister Lauterbach.
Trinkt nicht viel und denkt recht flach.
Nach Corona war er platt,
Nun findet er doch wieder statt.

Den Sommer hat er jetzt entdeckt.
Dort zeigt er, was in ihm steckt.
Zuviel Wärme schafft Verdruss.
Bei 32 ist jetzt Schluss.

Bei Hitze wird man eingesperrt.
Nur so wird uns sein Schutz gewährt.
Und während man zuhause sitzt
Wird in den Tropen arg geschwitzt.

Und hat der Karl sich ganz verrannt,
Die Denkorgane durchgebrannt,
Verrennt er sich in seinem Wahn,
So entsteht sein Hitzeschutzplan.

Mit Lockdown und Berufsverbot,
Kennt er sich aus. Da sieht er rot.
Wer nicht hört, der wird verderben
In CO2 und Hitze sterben.

Corona hat ihm aufgezeigt,
Wie man in so ein Thema steigt.
Er hat den Menschen vorgeführt,
Wie man so zum Minister wird.

Das neue Thema ist gefunden.
Dem Klima fühlt er sich verbunden.
Tut so, als ob er Menschen schützt.
Doch macht er nur, was ihm selbst nützt.

Erst war er der Ein-Themen-Clown.
Auch jetzt entsteht nur heißer Schaum.
Weiter geht's mit seinen Lügen.
Doch muss sich diesen keiner fügen.

Wer jetzt noch seinen Unsinn glaubt,
Dem hat man die Vernunft geraubt.
Der fällt auf jede Dummheit rein,
Kauft noch mit Affenmaske ein.

Lautstarkes Schweigen

Noch nie zuvor habe ich so viele Kranke getroffen, wie in diesen Tagen: Hirnschlag, Hirnblutung, Herzinfarkt, Allergie oder andere seltsame Krankheiten, die sich niemand erklären kann oder will. Von den Verstorbenen, von „plötzlich und unerwartet", erst gar nicht zu reden. Ich traue mich schon fast nicht mehr, zu fragen, wie es einem Menschen geht! Wann immer man vorsichtig nachfragt, ob er oder sie ein- oder mehrfach gegen Covid „geimpft" ist, wird das zwar meist bestätigt. Ein Zusammenhang weist man aber weit von sich. Ein sachlicher Dialog ist in diesem Zusammenhang kaum möglich. Zumal die Medien abwiegeln und die Ärzte von nichts wissen. Anderslautendes wird in den Bereich der Verschwörungstheorie verwiesen - ganz so, wie es gewünscht ist. Das spart Milliarden an Schadenersatzforderungen. Fakt ist, dass begangene Fehler ungern eingestanden werden. Zudem will man den Medien nichts Negatives unterstellen - der Regierung erst recht nicht.

Corona ist vorüber,
Man will das rasch vergessen,
Und spricht nicht mehr darüber,
Als sei es nie gewesen.

Niemand will hinterfragen.
Man war in Angst gefangen,
Und ist in diesen Tagen,
Zur Schlachtbank hingegangen.

Ein Leben voller Schrecken.
Da war man auch bereit,
Sich gänzlich zu verstecken,
In dieser schweren Zeit.

Lockdown und Luft anhalten,
Gehört zum neuen Sein,
Vegan die Welt gestalten,
Dazu gibt's Gänsewein.

„Long Covid" soll es heißen,
Das neue Krankheitsbild.
Man will nichts mehr beweisen,
Verschweigt es ganz gezielt.

Wieso nun all die Toten?
Das hinterfragt man nicht.
Das Denken wird verboten,
Und Unterwerfung Pflicht!

Nestbeschmutzer

Ob CDU, ob FDP,
Ob Grüne oder SPD,
Und auch die Linken sind dabei,
In diesen grauen Einerlei.

Die AfD mag man nicht leiden,
Soll unter „ferner liefen" streiten.
Der Nestbeschmutzer kritisiert,
Was man gemeinsam arrangiert.

Die Fernsehsender machen mit
Sie halten mit den Lügen Schritt.
Sind paritätisch sie vergeben.
Auch Intendanten wollen leben.

Demokratie, nach außen hin.
Doch Widerspruch hat keinen Sinn.
Wer anders denkt, den will man nicht,
Bekämpft den renitenten Wicht.

Und hat unser Regime versagt,
So passt man auf, dass niemand klagt.
Erstarkt nun gar die AfD,
Dann passt das nicht in ihr Klischee.

Alle Register zieht man dann.
Sie zu vernichten ist der Plan.
Man will zurück zur alten Welt,
Wo man ganz lieb zusammenhält.

Zurück zur alten Blockpartei.
Wer diese führt, ist einerlei.
Die Einheitsfront wird zementiert,
Das eigne Konto ist saniert.

Die Allmacht des Staates

Theresa Vollmer, SPD. Oberregierungsrätin.
BAMF.

Sie schrieb angesichts des Wahlerfolgs der AfD
im Bezirk Sonneberg am 25. Juni 2023:

"Aktueller denn je: Eine Impfpflicht hätte das
katastrophale Ergebnis in #Sonneberg evtl
verhindert. Dann hätte man den Ost-Deutschen
mal wieder bewusst gemacht, dass der Staat
über ihnen steht und die Wahl von @AfD gefähr-
lich ist. Staat darf sich nicht auf Nase rum-
tanzen lassen."
(*Syntaxfehler habe ich stehen lassen*)

Deutlicher, als diese CDU-Frau es hier formuliert, kann man es wirk-
lich nicht sagen: Die "Impfung gegen Corona" als reines Instrument
zur Erziehung und Unterwerfung.

Es lohnt sich, ihre Gedanken genauer anzuschauen. Exakt dieses
Weltbild nämlich, diese durch und durch machiavellistisch-etatisti-
sche Tyrannei war es nämlich, die im vergangenen Jahr all jene "Ab-
geordneten" bewegt hat, im Reichstag für die Impfpflicht bzw. den
Impfzwang zu stimmen.

Der Staat ist nämlich in ihren Augen ein absolut autoritäres Wesen,
das weit über den Menschen steht und sie beherrscht. Nur durch
Macht und Zwang kann er ihres Erachtens die Untergebenen zur
Raison bringen. Genau das ist die Staatsauffassung unserer System-
parteien sowie der überwiegenden Mehrheit ihrer Mitglieder. Von
Wegen "wir sind das Volk" oder "wir sind der Staat".

Einen kleinen Schritt weitergedacht, wird dann auch deutlich, was
"Corona" tatsächlich war und wozu es arrangiert wurde: Austarieren,

wie weit man in seinem Willen zur Macht und zur Unterwerfung gehen kann. Und dass das sehr, sehr weit war bzw. ist, sieht man ja im Ergebnis: Bis zur Schlachtbank nämlich!

Danke, Frau Vollmer, für diese klärenden Worte!

Wozu noch all die Wahlen?
Allmächtig sei der Staat.
Ein Volk, das nur zu zahlen
Und sonst zu schweigen hat.

Man muss die Massen lenken,
Dafür ist man gewählt.
Bestimmen, was sie denken,
Ganz fest die Zügel hält.

Kontrolle der Gedanken,
Die Freiheit simuliert,
So steuert man die Schranken,
Dass jeder mitmarschiert.

Wo Recht und Freiheit enden,
Beginnt die Diktatur,
Politiker uns blenden
Wird Sein Makulatur.

Der Impfzwang ist ein Zeichen,
Die Macht wird offenbar.
Der Widerstand soll weichen,
Die Dystopie wird wahr.

Der Staat, dein Herrscher

Man lässt sie wählen,
Von Freiheit erzählen.
Andre verlachen
Selbst Bücklinge machen.

Sie hören sie gern,
Die Lügen der Herrn.
Die Chefs sollen denken,
Die Welt für sie lenken.

Der Fernsehstar lacht,
Ist dumm wie die Nacht.
Das, was er erzählt,
Ist alles gestellt.

Doch zweifelt man nicht,
Das TV hat Gewicht.
Dass alles zensiert
Wird nicht registriert.

So wird man erzogen,
Von der Glotze belogen.
Statt selber zu denken
Sollen andre es lenken.

Wegen Zeitung und Wahl
Scheint es ganz liberal.
Und die wahre Gefahr
Nimmt die Mehrheit nicht wahr.

Es soll niemand stören,
Dass dem Staat wir gehören.
Wenn wir tun, was sie sagen
Hat auch keiner zu klagen.

Doch bist du nicht konform,
Verstößt gegen die Norm,
Hast Quer du gedacht,
Zeigt der Staat seine Macht.

Lügen und die Zensur,
Herrschaft und Diktatur.
Man kann's nicht verstehen,
Will die Wahrheit nicht sehen.

Wir sollen uns fügen,
Auch wenn sie betrügen.
Sie haben das Sagen,
Wir müssen's ertragen.

Der Staat ist die Macht,
Die über uns wacht.
Die wacht und bestimmt
Und den Atem uns nimmt.

Sommerinterview

Da sitzt er und lacht,
Der Scheinwerfer strahlt,
Genießt seine Macht,
Mit Steuern bezahlt.

Sein Sessel ist rot,
Die Dialoge gelernt.
So sitzt der Despot,
Weit vom Leben entfernt.

Schlechtelaunepartei!
Sie kümmert ihn nicht.
Es ist ihm einerlei,
Wenn hier alles zerbricht.

Die Genossen und er,
Sie drehen die Welt.
Auch hört keiner her,
Wenn er Unsinn erzählt.

Gelb, rot und grün,
Sind Garant für das Glück.
Sein Erfolg, sagt er kühn,
Fällt auf alle zurück.

Er tut, was er kann,
Behauptet er schlau.
Doch erkennt man's nicht an
Wählt stattdessen blau.

Dass im Land alles kracht,
Das glaubt Olaf nicht.
Wer kritisiert wird verlacht,
Ist ein ganz brauner Wicht.

Den Frohsinn verbreiten,
Das Dasein verschleiern,
Die Klarheit vermeiden,
Den Untergang feiern.

Man muss positiv bleiben.
Die Wahrheit verbogen.
Blaue Geister vertreiben,
Es wird weiter gelogen.

Der Staat braucht Geld

Der Haushalt verdorben,
Man sagt, man braucht Geld,
Der Reichtum gestorben,
Zum Verbessern der Welt.

Man braucht Geld für den Krieg
Der nicht unserer ist.
Wieviel kostet der Sieg?
Wir bezahlen den Mist.

Milliarden verschenkt,
Für das Glück dieser Welt.
Den Wohlstand versenkt.
Im Land ist kein Geld.

Frau Bärlauch reist gern.
Die Erde ist schön.
Palau ist nicht fern,
Es gibt vieles zu seh'n.

Wir retten die Länder,
In Nah und in Fern.
Finanzieren Transgender,
Fremdes Geld gibt man gern.

Die Steuermillionen,
Für Sekt und für Häppchen,
Sie sollen sich lohnen,
Sind fast schon ein Schnäppchen.

Indien will unser Geld,
Auch China nimmt's gern.
So hilft man der Welt,
Nichts ist uns zu fern.

CO2 schafft die Not,
Es zerstört unsre Welt.
Bringt Hitze und Tod,
So wird uns erzählt.

Nein, man fackelt nicht lang,
Denn man ist doch gewählt.
Durch Verbote und Zwang
Kriegt man alles, was zählt.

Früher mal Pazifist,
Schickt man Panzer und Tod.
Wird man Ökofaschist.
Denn jetzt herrscht Gelb-Grün-Rot.

Dick

Da hilft kein Jammern und kein Klagen,
„Lang ist dick" darf man nicht sagen.
Wer das laut denkt, der wird gesperrt
Und sofort vor Gericht gezerrt.

Wenn jemand zu ihr „Dicke" sagt,
Dann wird er vor Gericht verklagt.
Dass Denken oder Reden frei,
Ist heutzutage einerlei.

Die freie Rede wird zensiert.
Auch wenn die Presse Lügen schmiert,
Wird dünn nicht dick und dick nicht dünn.
Da hat auch klagen wenig Sinn.

Die Optik wirkt rasch sekundär,
Doch was sie denkt, wiegt wirklich schwer.
Sie glaubt den ganzen Ökodreck.
Kritik daran hat keinen Zweck.

Sie glaubt an Doppelpunkt und Stern,
Die Wirklichkeit ist ihr recht fern.
Das Deutschlandticket ist ganz toll,
Egal, wer es bezahlen soll.

Dass CO_2 gefährlich ist?
Sie glaubt den ganzen grünen Mist.
Nein, wie sie aussieht, ist egal,
Doch wie sie denkt, ist nicht normal.

Ob dünn, ob dick, ist auch egal.
Ihr Ökoterror ist fatal.
Auch wenn die Welt zusammenbricht,
Stört das ihr grünes Weltbild nicht.

Sie glaubt den Unsinn der Partei,
Dass da nichts passt ist einerlei.
Und war man einmal gegen Waffen,
Wird nun die neue Welt geschaffen.

Merz und die Grünen

Die Politik fährt dieses Land
Mit hohem Tempo an die Wand.
Schluss mit dem bunten Allerlei,
Jetzt herrscht die neue Blockpartei.

Der Abstieg lässt sich leicht verwalten,
Wenn alle fest zusammenhalten.
Die AfD wird sehr gehasst,
Weil sie nicht in die Landschaft passt.

Die CDU gibt sich ganz frei,
In diesem öden Allerlei.
Man tut, als sei man gegen Grün.
So will man in den Wahlkampf zieh'n.

Der Kampf der wird nur simuliert,
Weil man in Ländern koaliert.
In Wahrheit ist man immer nett
Und geht mit jedem in das Bett.

Stets vor Wahlen fest versprochen –
Kurz darauf wird es gebrochen.
So nennt man dies ein freies Land.
Man hat die Medien in der Hand.

Das Fernseh'n lullt die Menschen ein,
Den Widerstand wähnt man so klein.
Man will nicht, dass das Volk erwacht,
Sonst ist's dahin mit ihrer Macht.

Statt wirklicher Opposition,
Ändert sich nichts in der Union.
Man wechselt seine Richtung nicht
Wenn man nicht mit den andern spricht.

Es gibt eine Partei in Land,
Die leistet wirklich Widerstand.
Doch weil die nicht ins Schema passt
Ist sie dem Merz auch so verhasst.

Bis man einst aus dem Schlaf erwacht,
In den die Merkel sie gebracht,
Da ist gestorben unser Land,
Oder ganz fest in blauer Hand.

Transgender – Aus Markus wird Tessa

Perücke auf und Kleidchen an,
Schon wird ein Weibchen aus dem Mann.
Und wer's nicht glaubt, der wird gesperrt,
Was er dann sagt, hat keinen Wert.
Und wer dann noch zu zweifeln wagt,
Der schau nur in den Bundestag.

Geschminkte Männer, ab in's Bad

Das Wasser bringt es an das Licht,
Zum Frausein reicht die Schminke nicht.
Willst du all den Unsinn glauben,
Und lässt dein ganzes Hirn dir rauben,
Dann frag die falschen Frauen doch,
Nach dem geschminkten „Bonusloch"!

Hoffnung

Wenn alles nun in Trümmer fällt
Entsteht auch schon die neue Welt.
Ein Ende wird es niemals geben,
Nur Hoffnung auf ein bessres Leben.

Die Erde bleibt in ihrer Bahn.
Trotz diesem ganzen Größenwahn.
Mit Macht will man uns unterdrücken,
Und denkt, mit Geld werde das glücken.

So fährt man alles an die Wand,
Und rechnet nicht mit Widerstand.
Die Märchenwelt wird aufgebaut.
Man hofft, dass jeder Fernsehn schaut.

Die Medien können fröhlich lügen,
Dass sich im Land die Balken biegen.
Man hofft, es bleibe ewig Nacht,
Und niemand aus dem Schlaf erwacht.

So zieht Zerstörung ihre Bahn,
Der Untergang gehört zum Plan.
Den Sieg wähnt man schon in der Hand,
Zerstört ist bald das ganze Land.

Ein Schreck, wenn man dann registriert,
Dass Gegenwind sich doch formiert.
Protest und Widerspruch sich zeigt,
Und sich die Nacht zum Ende neigt.

Nicht unsres Landes Abgesang –
Es wird der Lügner Untergang.
Man folgt den Führern nicht mehr blind,
Wenn Menschen in Bewegung sind.

Es kommt zum Ende all der Lügen,
Mit denen sie das Volk betrügen.
Der Untertan spürt seine Macht,
Wie dann sein Freiheitsgeist erwacht.

Wenn all der Irrsinn dann besiegt,
Das Böse ganz am Boden liegt,
Des Menschen Geist sich selbst befreit,
Erscheint vielleicht die neue Zeit.

Macht und Geld

Corona hat uns vorgemacht,
Wie man die Welt gefügig macht.
Die Unterwerfung war perfekt,
Man hat sich vor sich selbst versteckt.

Mit Angst wird alles zementiert,
Und Folgsamkeit wird praktiziert.
Die Medien werden eingespannt,
Man okkupiert das ganze Land.

Ganz langsam ließ er nach, der Wahn,
Man sah, was man sich angetan.
Man hat gespritzt mit Angst und Zwang,
Nun ist man platt ein Leben lang.

Man soll sowas nicht hinterfragen,
Schon gar nicht etwas Schlechtes sagen.
Regime und Medien muss man glauben,
Und niemals sich Kritik erlauben.

Ob all der Zwang zu Ende geht?
Der Widerstand nicht mehr entsteht?
Nur Testen macht die Menschheit frei,
Nun testen wir auf CO_2.

Die Virenangst gibt es nicht mehr,
Jetzt müssen neue Ängste her:
Dass der Planet sich überhitzt,
Und man sogar im Sommer schwitzt.

Dass CO_2 sehr böse ist,
Das Volk, es glaubt den ganzen Mist.
Gut abgelenkt lädt der Popanz
Die toten Seelen ein zum Tanz.

Ob Virus oder CO2,
Mir scheint, als sei das Einerlei,
Auch Gendern oder Sojadreck,
Dient alles einem andren Zweck.

Mir dünkt, man lügt uns einfach an,
Verfolgt in Wahrheit einen Plan.
Das, was geschieht in diesem Land,
Das steuert eine fremde Hand.

Man denkt, die Herrscher seien dumm,
Doch setzt man nur ein Drehbuch um.
Sieht aus, als ob man Fehler macht,
Doch geht es nur um Geld und Macht.

Auch dieser Krieg gehört zum Plan.
Man stirbt für ihren Größenwahn.
Die Leichen werden nicht gezählt,
Sie sind ein Teil von ihrer Welt.

Bestehen bleiben Tod und Krieg.
Statt Macht und Geld spricht man vom Sieg.
Man sieht, worum es wirklich geht,
Wenn man erkennt, wie Macht entsteht.

Wer reich ist, wird nach Reichtum streben.
Was zählen da schon Menschenleben?
Und all der Irrsinn dieser Welt
Entsteht allein für Macht und Geld.

Rhodos und die Folgen

„Europa brennt an allen Enden!".
Die neue Panik ist erreicht.
Das Schicksal kann man nur noch wenden,
Wenn man die Lust am Leben streicht.

Verzicht, so heißt das Zauberwort,
Das lautstark durch die Medien hallt.
All unser Luxus muss jetzt fort,
Damit die Erde nicht zerknallt.

Die Klimakrise dieser Tage,
Zerstört die Zukunft unsrer Welt.
Der Untergang steht nicht in Frage.
Wird in der Zeitung jetzt erzählt.

In Wahrheit brennen kleine Feuer,
Von Hand gelegt, die Wälder platt.
In Rhodos sind die Flächen teuer,
So schreitet man dann selbst zur Tat.

Mit KI und andren Lügen,
Wird Angst und Panik nun entfacht.
Mit Medien das Volk betrügen!
Und in dem Köpfen wird es Nacht.

Man meldet 47 Grad,
Ganz leise wird dann dementiert.
So schreitet das Regime zur Tat,
Die Menschen werden angeschmiert.

Doch tritt das alles gar nicht ein?
Ist es gar kalt und regnet viel?
Dann darf man doch kein Zweifler sein.
Glaubt weiter an das große Ziel.

Der „Leugner" hält jetzt wieder her,
Jetzt Klima was einst Covid war.
Man akzeptiert Kritik nicht mehr,
Das Fernsehn macht die Lügen wahr.

Der Klimanotstand wird beschworen,
Die Medien immer eingespannt.
Wer hinterfragt, der ist verloren.
Man schwurbelt nicht in diesem Land.

Was immer gut war, wird vernichtet.
Die ganze Zukunft opfert man.
Das muss so sein, wird uns berichtet.
So stirbt das Sein im grünen Wahn.

Potemkins Hitzeschutzplan

Ist der Sommer kalt und nass,
Macht das dem Karlchen keinen Spaß.
So passt nur Hitze ganz gezielt
In dessen Propagandabild.

Es wird die Virenpanik jetzt
Durch Angst vor CO2 ersetzt.
Da stört ein kalter Sommer sehr,
Drum muss halt noch mehr Werbung her.

Wenn das Volk vor Kälte friert,
Die Angst vor seinem Quatsch verliert,
Muss er sich neuen Mist ausdenken,
Nach Griechenland die Blicke lenken.

Obwohl man nicht vor Wärme schwitzt,
Sagt er, dass sich die Welt erhitzt.
Und auch die Medien sind dabei,
Erzählen seinen dumpfen Brei.

Nun ist die ganze Welt bedroht,
Die Hitze bringt uns große Not.
Wenn sie das Tag für Tag berichten,
Dann glaubt man all die Spukgeschichten.

Man macht die Erde zum Quadrat.
Wer zweifelt, der begeht Verrat.
Dass es gar kalt ist, glaubt man nicht,
Und Schwitzen macht man jetzt zur Pflicht.

Die Medien fest in der Hand,
Beherrscht der Karl das ganze Land.
So schwitzt man nun obwohl man friert,
Das neue Sein ist so kreiert.

Freies Denken

Die schöne, neue Märchenwelt,
Mit der man uns zum Narren hält,
Sie flimmert Tag für Tag ins Haus,
Wir bauen unsre Welt daraus.

Mit Zweifeln kommst du nicht mehr weit,
Was man jetzt sagt, ist sinnbefreit.
Die Medien fest in der Hand,
Rotgrün ist jeder Intendant.

Hat man das Fernsehen im Griff
In diesem grauen Narrenschiff,
Dann braucht es nicht mal mehr Zensur,
Denn von Kritik gibt's keine Spur.

Die Meinung wird fest zementiert.
So lügt man jetzt ganz ungeniert.
Wer zweifelt, der wird kaltgestellt
Ganz wie es dem Regime gefällt.

Und wenn du es noch immer wagst
Und trotzdem deine Meinung sagst,
Dann wird die Freiheit eingeschränkt,
Offen zu sagen, was man denkt.

Instanzen sind nun okkupiert,
Vertrauensleute installiert.
Auch wenn der Haldenwang nichts kann,
So ist er doch ein netter Mann.

Wer so den Richtigen ernennt,
Der hat ein feines Instrument.
Auch passt der Harbarth wunderbar,
Obwohl er nie ein Richter war.

Das Smartphone, das kommt immer mit,
Begleitet uns bei jedem Schritt.
Mit GPS und andren Sachen,
Lässt sich das ganze Volk bewachen.

Man kann zentral Befehle schicken,
Was unbequem ist, unterdrücken.
Ganz leicht wird ein Profil erstellt.
Man wird so Teil von ihrer Welt.

Das Bargeld will man auch nicht mehr.
Es stört die Überwachung sehr.
Auch das wird digitalisiert,
Dass sich kein Widerstand mehr rührt.

So wird die Wahrheit überwacht,
Dass niemand einen Fehler macht.
Und ist mal ein Faux Pas passiert,
Dann wird er einfach revidiert.

Rückgängig macht man, was nicht passt,
Verbieten lässt man, was man hasst.
Die Wirklichkeit wird neu gedacht,
Bis in das Kleinste überwacht.

„Marktgerechte" Preise

Da hat Corona uns gelehrt,
Das man sich möglichst gar nicht wehrt.
Das Fernsehn schafft die wahre Welt,
Was wirklich ist, wird nicht erzählt.

Gehorsamkeit wird nun zur Pflicht,
Man glaubt den ganzen Schwurblern nicht.
Man unterwirft sich ihrem Plan,
Und lässt Kritik nicht an sich ran.

Seit Covid hinterfragt man nicht,
Ob das TV die Wahrheit spricht.
Da wird Fiktion zur Wirklichkeit,
Es bleibt zum Denken keine Zeit.

Es ist, als sei man unter Drogen,
Und spürt nicht, wie man angelogen.
Was gut ist, sagt der Intendant.
Er hat die Menschen in der Hand.

Dass Penny-Preise „marktgerecht",
Das ist laut WDR nicht schlecht.
So wird das Volk manipuliert;
Die Märchenwelt indoktriniert.

Dort wird das wahre Sein frisiert,
Des Menschen Hirn wird neu kreiert.
Ein Fernsehspiel statt Tagesschau.
Die Redakteurin lächelt schlau.

Wird der Betrug dann offenbar,
Dann tut man so, als wenn nichts war.
Man löscht die Stelle einfach raus,
Und denkt, mit der Kritik sei's aus.

Entschuldigen braucht man sich nicht,
Es schönzureden ist jetzt Pflicht.
Und nur ein Schwurbler kritisiert,
Was ARD uns präsentiert.

Wie schön, wenn man das Volk anschmiert
Und dafür Steuergeld kassiert.
So wird die heile Welt gemalt,
Durch GEZ-Gebühr bezahlt.

Der Sinn fällt in das Klo

Die Welt wird zum Quadrat.
Die Medien bleiben fad.
Corona kratzt den Po
Der Sinn fällt in das Klo.

Die Angst soll's wieder richten,
Mit grusligen Geschichten:
Wer Lauterbach vertraut
Und ständig Fernseh'n schaut.

Wir müssen nicht mehr denken,
Und lassen uns brav lenken.
Glauben heißt nichts wissen.
Wir werden gern beschissen.

Die neuen Covid-Stämme,
Befallen uns wie Schwämme.
Nur wer dagegen spritzt,
Ist vollständig geschützt.

So pikst man uns mit Spritzen
Auch wenn sie gar nichts nützen,
Und misst menschlichen Willen,
In Tropfen und in Pillen.

Vor Hitze halb erfroren,
Ohne Karl wär'n wir verloren.
Nur er kann uns erlösen
Von der Welt des Bösen.

Atteste gegen Maskenpflicht

Ob man sie brauchte oder nicht,
Die Maske machte man zur Pflicht.
Es herrschten Glaube und Zensur,
Von eig'nem Denken keine Spur.

Mit Häkeldeckchen fing er an,
Der ganze Covid-19-Wahn.
Erst wenn man sein Gesicht verdeckt,
Werden die Menschen aufgeschreckt.

Nur ein winzig kleiner Rest
Besaß ein ärztliches Attest.
Denn hat man seinen Arzt gefragt,
Dann hat der meistens nein gesagt.

Zu helfen ist zwar seine Pflicht,
Doch sowas unterschreibt er nicht.
Denn mit dem leisesten Verdacht
Wird man nun vor Gericht gebracht.

Wer trotzdem ein Attest ausstellt,
Der hat's nicht leicht in dieser Welt.
Wird vor den Kadi dann gezerrt,
Sein Arbeitsplatz wird ihm versperrt.

Die Welt ist derart okkupiert,
Dass die Justiz auch mitmarschiert.
Der Einheitsbrei im Blätterwald
Hieß früher mal „vierte Gewalt".

Nicht jeder konnte Masken tragen,
Doch Ärzte konnte man nicht fragen.
Und wer sich nicht verweigert hat
Den macht unsre Justiz nun platt.

Atteste gegen Maskenpflicht?
So mancher Arzt traut sich das nicht.
Jetzt schüchtert man die Menschen ein,
Die es noch wagen, Mensch zu sein.

In dieser neuen Lügenwelt
Ist jeder auf sich selbst gestellt.
Wer selber denkt, der wird bestraft,
Die Freiheit wird nun abgeschafft!

*(Das Gedicht entstand unter dem Eindruck des Lahrer Amtsgerichts gegen die
Ärztin Anette Franz)*

Glaube, Hoffnung, Liebe

Der Glaube an den Sieg des Guten,
Die Hoffnung gab dazu ihr Licht.
Doch auch die Liebe wird verbluten.
Das neue Sein kennt all das nicht.

Die Welt der Wahrheit liegt in Trümmern,
Zerstörung zieht die Zügel an.
Wo Gottes Tugenden verkümmern
Da weicht Vernunft dem bösen Wahn.

All unser Sein wird Utopie.
Auch Träume werden jetzt zensiert.
Nun importiert man Energie,
Die Leistung wird eliminiert.

Wer trotzdem noch zu hoffen wagt,
Der Liebe Macht in Händen hält,
Nicht glaubt, was uns die Presse sagt,
Passt nicht in diese neue Welt.

Des Menschen Geist wird neu frisiert.
In allen Medien wird gelogen.
Die Wirklichkeit manipuliert,
Zur Unterwerfung umerzogen.

So dreht sich jetzt der Totentanz,
Für Frieden demonstriert man nicht.
Das CO_2 ist ein Popanz.
Furcht und Gehorsam werden Pflicht.

Gefallene Engel aus der Hölle

Frieden ist böse und Waffen sind gut.
Das weiß unser Kanzler genau.
Gefallene Engel und höllische Brut,
Nennt er sie und hält sich für schlau.

Den Russen schaden, ist Teil in dem Plan.
Wer links steht, der denkt, er hat Recht.
Abweichendes lässt er nicht an sich ran.
Da steht er und grinst selbstgerecht.

Wenn Olaf das Volk zu Teufeln erklärt,
Nur weil es das Sterben beklagt,
Wird das Gute ganz zum Bösen verkehrt.
Verflucht, wer den Widerspruch wagt.

Er führt nur aus, was woanders geplant.
Alle Zweifel lächelt er weg.
Mit Macht und Geld ist er engstens verzahnt.
Auch Empörung hat keinen Zweck.

Die Medien nimmt er ganz für sich ein.
Die Wahrheit wird stets ignoriert.
Dort predigt man immer Wasser statt Wein,
Sonst ist unser Volk irritiert.

Mit TV-Quatsch und dummen Geschichten,
TV-Schnulzen und CO_2,
Will man menschliches Denken vernichten.
Ganz weit an der Wahrheit vorbei.

Was sollen Verhandlungen schon bringen?
Die Russen will man vernichten.
Allein mit Waffen soll es gelingen.
Ganz auf Gespräche verzichten.

Dass die Menschen ihr Leben dort lassen,
Das ist ihnen völlig egal.
Sie bleiben nach außen gelassen.
Die Sonne lacht, es ist bald Wahl.

Dass das Böse unser Dasein regiert,
Offen Vernichtung sich zeigt,
Mit ihren Lügen die Menschheit verwirrt,
Sich vor der Zerstörung verneigt.

Also werden wir weiter belogen,
Doch Wahrheit sucht immer das Licht.
Nie zuvor hat man uns so betrogen
Und darum gehorchen wir nicht.

Sieben Brücken

Über sieben Brücken musst du gehn,
Um dich selbst nicht wieder zu verstehn.
Sieben Mal wirst du die Asche sein
Und dann nur noch mit den Wölfen schrein.

Manchmal tut man so, als sei man frei,
Doch dann lutscht man lieber Haferbrei,
Manchmal greift man nach der ganzen Welt
Sieht den Sumpf nicht mehr, in den man fällt.

Manchmal ist mir kalt und manchmal heiß,
Doch auch Widerstand hat seinen Preis.
Manchmal ist man wie von Fernweh leer,
Manchmal fällt der Widerstand mir schwer.

Manchmal scheint die Uhr des Lebens still zu stehn,
Und man will die Wahrheit nicht mehr sehn
Manchmal ist es besser, wenn man schweigt,
Seine Niedertracht nicht offen zeigt.

Über sieben Brücken musst du gehn,
Um dich selbst nicht wieder zu verstehn.
Sieben Mal wirst du die Asche sein
Und dann nur noch mit den Wölfen schrein.

(nach der Unterwerfung des Barden unter die Herrschaft und seinem Kniefall vor der Macht)

Der Lügenmann

Feigenblatt der Ampelmänner,
Sie sind alle Hampelmänner.
Kubicki kritisiert recht gern,
Doch folgt er immer seinen Herrn.

Die Wahrheit kennen viele nicht:
Ist er doch ein Davos-Gezücht.
Young Global Leader ist der Mann
Drum ficht ihn auch Kritik nicht an.

Mit ihm wirkt alles liberal,
Tatsächlich ist ihm das egal.
Im Zweifelsfall ist er bereit,
Wenn man mit den Wölfen schreit.

Wie er die Impfpflicht kritisiert,
Wird man nun wieder angeschmiert.
Öl und Gas will Habeck nicht
Und Wärmepumpen werden Pflicht.

Frankreichs Kernkraft treibt sie an,
Kubicki macht sein Kreuzchen dran.
Die FDP nutzt sein Gesicht.
Mehr als Reklame ist er nicht.

Und die Moral von der Geschicht:
Glaubt Kubickis Lügen nicht.
In Wahrheit macht er immer mit,
Folgt der Partei auf Schritt und Tritt.

Lügen haben lange Beine

In dunkler Nacht liegt unser Land,
Es herrschen Lüge und Betrug.
Die Feuerzeichen an der Wand
Sind offensichtlich nicht genug.

Die Wahrheit macht der Böhmermann,
Er lebt recht gut vom Steuergeld.
So klagt er nun den Schönbohm an
Weil der nicht passt in seine Welt.

Die Nancy Faeser riecht den Speck
Sie glaubt, dass alles ihr gehört.
Der fiese Schönbohm muss nun weg,
Weil er ihr rotes Weltbild stört.

Zusammen mit dem Böhmermann,
Bekämpft man das Gedankengut,
Bleibt ganz nah an der Wahrheit dran,
Erschlägt die böse Nazibrut.

Jetzt muss auch der Geheimdienst ran,
Ob das legal ist oder nicht.
Geht ganz nah an den Fiesling dran,
„Erlegt den Kerl", denn das ist Pflicht.

Der Haldenwang tut ganz verstört,
Das hat er alles nicht gewusst,
Von Faesers Drängen nie gehört,
Zu weitrer Auskunft keine Lust.

Die Nancy meldet sich nun krank,
Im Parlament kann sie nichts sagen.
Kann Wahlkampf machen, Gott sei Dank.
Und ausweichen den fiesen Fragen.

Sie ist ein Mitglied im Regime,
Die Lüge ist ein Teil der Welt,
Da mitzumachen ist nicht schlimm,
Denn aus Davos fließt ganz viel Geld.

Träume

Als ich aus diesem Traum erwacht,
Die ganze Ewigkeit war mein.
Es war in tiefer Mitternacht,
Zum Fenster schien der Mond herein.

Ich stand am Bach, war noch ganz klein.
Die Schlüsselblumen standen da.
Ich brachte sie ins Haus herein,
Als Blumenstrauß für die Mama.

Am Abend heim kam der Papa.
Die Waldarbeit war wieder schwer.
Als er die gelben Blumen sah,
Schob er die Vase zu sich her.

In solcher Abgeschiedenheit,
War voller Wunder all mein Sein.
Der Träume Flügel waren weit,
Die Sorgen waren winzig klein.

Verflogen ist der Träume Licht.
Die Eltern leben längst nicht mehr.
Familie gibt es heute nicht,
Und Smarthome macht die Köpfe leer.

Die neue Zeit ist voller Narren
Die Sklaven sind in ihrer Welt.
Die ständig auf den Bildschirm starren
Und nicht mehr seh'n was wirklich zählt.

Statt in der Welt und der Natur
Versteckt die Wahrheit sich Online.
Von Lust und Leben keine Spur,
Von nun an soll man einsam sein.

119

Familie ist ein altes Wort,
Bald wird es ganz verschwunden sein,
Ganz weit an einem fernen Ort,
Nur Zauberkraft kann es befrei'n.

Doch Zauber ist in dieser Zeit
Nicht fern doch keiner sieht ihn mehr.
Wo einst der Geist, herrscht Dunkelheit.
Das wahre Sein ist ganz weit her.

Endlich wieder Nummer Eins

Wie heißt denn das Schlaraffenland,
Gebratne Tauben in der Hand?
Arbeit im Traumland gibt es nicht.
Nichtstun und Schlafen sind dort Pflicht.

In Afrika träumt man davon,
Im Nahen Osten packt man schon.
Das Land ist fern doch lockt es sehr,
Und ist der Weg auch noch so schwer.

Man nennt sie Flüchtling, Asylant
Und holt sie gern in unser Land.
Rundumversorgt, ganz kostenlos.
Darum auch ist der Andrang groß.

Sozialsystem und Bürgergeld,
Das ist die neue, schöne Welt.
Dann tut man so als staune man,
Denn ständig kommen Neue an.

Wer das bezahlt ist doch egal!
Den Bürgern lässt man keine Wahl.
Aufnahmezentren sind zwar voll,
Doch Migration ist einfach toll.

Wer so ein Angebot erstellt,
Den liebt man in der ganzen Welt.
Drum ist auch Deutschland Nummer eins.
Nur dieses Land ist's oder keins.

Was wäre ohne deutsches Geld,
Die Migration in dieser Welt?
Gäb's keine Geldgeschenke mehr
Gäb's all den Zuzug auch nicht mehr.

Die Toten in dem Mittelmeer,
Beklagen unsre Medien sehr.
Würden wir mit Geld nicht werben,
Würden im Meer nicht Soviel sterben.

„Die Wissenschaftler sind sich einig"

Dass CO_2 die Welt zerstört,
Das ist doch wirklich unerhört.
So glauben wir der „Wissenschaft",
Auch wenn sie keine Wahrheit schafft.

Im Fernsehen sind sie präsent,
Auf dass man ihre „Wahrheit" kennt.
Die Lügen, die man dort erzählt,
Die stiften Sinn in dieser Welt.

Die Glotze ist von großem Wert,
Weil sie uns unser Sein erklärt.
Wie schlimm die Welt ist, hört man dort,
Den Unsinn glaubt man Wort für Wort.

Rot-Grün hat für uns ausgedacht,
Was CO_2 dem Klima macht.
Nun kommt die echte Wissenschaft,
Von unsrer schlauen Welt verlacht.

Den Wissenschaftlern muss man glauben,
Und Zweifel will man nicht erlauben.
Dass CO_2 ganz böse ist,
Fast jeder glaubt dann diesem Mist.

All die Gefahr wird propagiert,
Weil sonst die Lüge kollabiert.
Die Welt der Märchen bleibt bestehn,
Denn sonst würde man untergehn.

So wird behauptet und gelacht,
Doch niemals ein Beweis erbracht.
Der Untergang ist nicht mehr fern,
Drum zahlt man neue Steuern gern.

Man lebt so in der Lügenzeit,
Der Weg zur Wahrheit ist sehr weit.
Ein Klimawandel menschgemacht,
Den hat sich das Regime erdacht.

Wer all den Unsinn kritisiert,
Wird als ein Leugner abserviert.
Drum haltet euren Zweifel klein,
Denn was nicht sein soll, darf nicht sein.

(Damals, vor gut 10 Jahren, durfte man noch etwas freier berichten: https://www.welt.de/debatte/kommentare/article13466483/Die-CO2-Theorie-ist-nur-geniale-Propaganda.html)

Dekadenz

Der Niedergang in diesem Land
Ist überall zu sehen.
Da steh'n die Zeichen an der Wand,
Recht einfach zu verstehen.

Auch lohnt die Arbeit sich nicht mehr,
Drum kommen sie in Massen.
Das schöne Leben lockt sie sehr,
Sich durchfüttern zu lassen.

Man schält die Kernkraftwerke ab,
Strom wird nun importiert.
Nun wird die Energie halt knappt,
Was uns nicht intressiert.

Dass Strom nun richtig teuer ist,
Wen kann denn sowas scheren?
Die Menschen glauben jeden Mist,
Den sie im Fernsehn hören.

Drum zahlt man uns nun Bürgergeld,
Plus Wasser, Strom und Heizen.
Das ist die schöne, neue Welt.
Es lohnt sich nicht, zu geizen.

Man kann die Firmen gut verstehn,
Die ihre Segel streichen,
Die nun in andre Länder gehn,
Den hohen Kosten weichen.

Bei solchen Zeichen an der Wand,
Wo Lug und Trug sich zeigen,
Wächst endlich auch der Widerstand
Man will nicht länger schweigen.

Die Bosheit, sie wird untergehn.
Wird ganz im Nichts versinken.
Dann wird die Freiheit auferstehn,
Der Unverstand ertrinken.

Denken, wählen, sein

"Das alles geht mich doch nichts an",
So hört man jetzt oft sagen.
Ich lass die Welt nicht an mich ran,
Dann kann ich sie ertragen.

"Nein, nein, ich mach mein eignes Ding,
Mich wird es nicht erwischen.
Es kratzt mich keinen Pfifferling,
Wie sie die Karten mischen".

Für andre ist das Wählen Plicht.
Man wird's schon richtig machen.
Ansonsten kümmern sie sich nicht
Um öffentliche Sachen.

"Ich geh nicht wählen", sagt man gern.
"Man kann doch nichts erreichen".
Drum bleibt man der Entscheidung fern,
Und lässt die Zeit verstreichen.

Dem nächsten ist es ganz egal
Lässt andre für sich denken.
Man ist stinkreich, geht nicht zur Wahl
"Sie werden es schon lenken".

Dazu der mediale Wust,
Der Geist liegt schon im Sterben.
Er nimmt dem Widerspruch die Lust,
So wird das Hirn verderben.

Nur mit der Kraft zum Widerstand,
Kann man den Berg erklimmen,
Hat man das Leben in der Hand,
Und folgt den innren Stimmen.

Gebt ihnen unsre Welt nicht her,
In den Herzen lebt das Licht.
Dagegen sein ist immer schwer.
Opfert Eure Seele nicht.

Wer aufgibt, an das Licht zu glauben,
Glaubt nicht mehr an unser Land.
Lässt sich seiner Kraft berauben
Gibt die Hoffnung aus der Hand.

Herr, es ist Zeit (Frei nach R. M. Rilke)

Herr, es ist Zeit. Die Menschheit spürt den Schmerz.
Weise den Ausweg aus dem Dunkel.
Voll Angst und Sorge ist das wunde Herz.

Hilf dieser Welt, die Angst zu überwinden.
Gib ihnen Kraft, das Sein zu hinterfragen,
Statt deren Märchen hinterher zu jagen.
Nur in der Wahrheit wird man Hoffnung finden.

Wer aufhört, an sich selbst zu glauben
Den Medien sein Denken anvertraut,
Aus Ihren Lügen seine Schlösser baut,
Sich der Kraft zum Widerstand berauben,
Hat seine Zukunft hoffnungslos verbaut.

Herbsttag – Rainer Maria Rilke

Herr, es ist Zeit. Der Sommer war sehr groß.
Leg deinen Schatten auf die Sonnenuhren,
und auf den Fluren laß die Winde los.

Befiehl den letzten Früchten, voll zu sein;
gib ihnen noch zwei südlichere Tage,
dränge sie zur Vollendung hin, und jage
die letzte Süße in den schweren Wein.

Wer jetzt kein Haus hat, baut sich keines mehr.
Wer jetzt allein ist, wird es lange bleiben,
wird wachen, lesen, lange Briefe schreiben
und wird in den Alleen hin und her
unruhig wandern, wenn die Blätter treiben.

Verloren

Der Wahrheit Kern in jedem Wesen,
Der Liebe Spur in jedem Sein,
Kann alle Menschen einst erlösen,
Sie von des Bösen Macht befrein.

Ich glaubte an die Macht der Herzen,
Und an das innre Gleichgewicht.
Doch wo einst Glaube sind nun Schmerzen,
Und Nacht und Bosheit stört das Licht.

Nichts als Zerstörung herrscht im Land,
Bosheit ist nun an der Macht.
Die Feuerzeichen an der Wand,
Sind Zeugen ihrer Niedertracht.

Hat Satan jetzt die Macht ergriffen?
Bestimmt er schon den Zug der Zeit?
Die Mehrheit hat noch nichts begriffen,
Ist aufzustehen nicht bereit.

Der Glaube an die Macht des Guten!
Die Hoffnung auf den Widerstand,
Soll nicht vor ihrem Nichts verbluten,
Die Freiheit hebt schon ihre Hand.

Zerstörung ist noch an der Macht.
Doch wehren sich die Menschen jetzt.
Sie zeigen, dass die Welt erwacht,
Und sich dem Bösen widersetzt.